中学英語
サンシャイン
完全準拠

# テスト予想問題集 1

SUNSHINE ENGLISH COURSE

開隆堂

# この本の特色と使い方

『サンシャイン完全準拠　テスト予想問題集』は，中学校英語教科書 SUNSHINE ENGLISH COURSE に沿って作られた，実践的なテスト予想問題集です。授業の小テストから定期テストまで，あらゆるテスト対策に役立ててください。

## ● 各プログラムやセクションごとの要点とポイント ●

各プログラムやセクションごとに学習事項が簡潔にまとめてあります。解説のあとには学習事項が習得できたかを見るための小テスト「Check」があります。

## ● まとめテスト ●

見開き 2 ページで構成され，各プログラムに 2 回ずつの「まとめテスト」があります。リスニング，語句，適語補充，適語選択，整序，英語で表現，読解など多様な形式の設問が用意されています。

## ● 定期テスト予想問題 ●

見開き 2 ページで構成され，2 プログラムごとに 2 回ずつのテストがあります。こちらも多様な形式の設問が用意され，定期テストを想定した問題となっています。

**スマートフォンやタブレットなどで QR コードを読み取ってみよう**

「Google Play（Play ストア）」・「App Store」で QR コードのリーダーをインストールしてください。QR コードのリーダーを起動し，「QR コードを読み取る」と自動的に URL にジャンプします。

出典）PROGRAM10：さとうわきこ『そりあそび』福音館書店

イラスト　いのうえたかこ，藤井一士(スタジオオイル)

# 目次

PROGRAM
0

# まとめテスト　第1回

教科書 pp.7 ～ 20

## Get Ready / PROGRAM 0

| 目標時間 | 得点 |
| --- | --- |
| 30分 | ／100 |

1 リスニング　(1)～(3)まで単語を聞きます。音声に合う絵には○を，合わない絵には×を書きなさい。
(5点×3＝15)

(1) (　　　　)

(2) (　　　　)

(3) (　　　　)

2 リスニング　会話を聞いて，問題の答えとして最も適切な絵をア～ウの中から１つ選びなさい。
(5点)

ア

イ

ウ

(　　　　)

3 アルファベット　次のアルファベットをそれぞれアルファベット順に並べかえて書きなさい。
(完答4点×4＝16)

(1) E, G, D, B, F

(2) J, N, K, H, L

(3) i, c, w, p, m

(4) r, t, z, v, q

4 単語　次の絵が表す英語を，□から選んで＿＿に書きなさい。
(4点×4＝16)

(1)

(2)

(3)

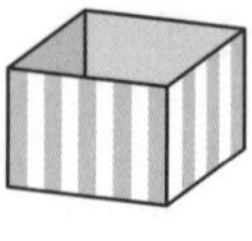

(4)

| box | window | clock | zoo |
| --- | --- | --- | --- |

**5** **英語で表現** 次の日本文を英語にしなさい。ただし，□から使える表現を選んで，(　　)内の語句を使って書くこと。(6点×2＝12)

(1) 私はテニスが得意です。(tennis)

(2) あなたはじょうずに踊ることができますか。(dance well)

| Are you ～? | I'm good at ～. | I like ～. | Can you ～? |
|---|---|---|---|

**6** **読解** 初めて会う友だちに次のように質問されたとき，あなたは何と答えますか。ただし，日本語で答えること。(7点×2＝14)

(1) What color do you like?　(　　　　　)

(2) What time do you get up?　(　　　　　)

**7** **読解** 次の美里(Misato)の自己紹介文を読んで，あとの問いに答えなさい。〔計22点〕

> Hi, I'm Misato. I can play the piano. My birthday is November 5.
> I am from Hiroshima. I like *okonomiyaki*.
> I sometimes cook *okonomiyaki* for my brother. I like English and music.
> But I don't like math. I want to be a music teacher.

(1) 美里は家族のために何をしますか。日本語で答えなさい。(4点)

弟のために，ときどき(　　　　　　　　　　　　　　)。

(2) 美里の誕生日はいつですか。数字で答えなさい。(4点)

(　　)月５日

(3) 美里は何になりたいと思っていますか。日本語で答えなさい。(4点)

(　　　　　　　　　　　　　　)

(4) 次の問いに美里になったつもりで答えるとき，正しい答えを下のア～エから選んで書きなさい。(5点×2)

(a) Can you play the piano?　(　　)

(b) Do you like math?　(　　)

ア Yes, I do.　イ No, I don't.　ウ Yes, I can.　エ No, I can't.

PROGRAM 0

# まとめテスト　第2回

教科書 pp.7 ～ 20

## Get Ready / PROGRAM 0

| 目標時間 | 得点 |
| --- | --- |
| 30分 | ／100 |

**1** リスニング　(1)～(3)まで短い英文を聞きます。音声に合う絵には○を，合わない絵には×を書きなさい。 (5点×3＝15)

(1) (　　　　)

(2) (　　　　)

(3) (　　　　)

**2** リスニング　会話を聞いて，問題の答えとして最も適切な絵をア～ウの中から1つ選びなさい。 (5点)

美希がすることは何ですか。

ア

イ

ウ

(　　　　)

**3** アルファベット　次のアルファベットを大文字は小文字に，小文字は大文字にかえて書きなさい。 (2点×6＝12)

(1) D　　(2) H　　(3) R

(4) e　　(5) f　　(6) n

**4** アルファベット　アルファベット順になるように，次の空所にあてはまるアルファベットを書きなさい。 (2点×3＝6)

(1) S ＿ U V W　　(2) ＿ h i j k　　(3) m n o ＿ q

**5** 単語　次の絵が表す英語を，□から選んで＿に書きなさい。 (3点×4＝12)

(1)

(2)

(3)

(4)

| animal | fruit | sport | weather |
| --- | --- | --- | --- |

6 **英語で表現** 次の日本文を英語にしなさい。ただし，□から使える表現を選んで，(　　)内の語句を使って書くこと。 (6点×2＝12)

(1) 私はピアノをひくことができます。(play the piano)

(2) あなたは英語を勉強しますか。(study English)

| I can't ～. | Are you ～? | Do you ～? | I can ～. |
|---|---|---|---|

7 **読解** 初めて会う友だちに次のように質問されたとき，あなたは何と答えますか。ただし，日本語で答えること。 (7点×2＝14)

(1) What do you want to be? (　　　　)

(2) When is your birthday? (　　　　)

8 **読解** 次の武史(Takeshi)の自己紹介文を読んで，あとの問いに答えなさい。 〔計24点〕

Hi. My name is Nishida Takeshi. I'm from Nagoya.
I like soccer. But I can't play soccer well. I want to join the soccer team at school. I like Bob. He is a famous soccer *player in Italy. I want to go to Italy. I can see soccer games there. I want to eat pizza too.
(注) player 選手

(1) 武史は学校で何をしたいと思っていますか。日本語で答えなさい。 (5点)

(　　　　)

(2) 武史の好きな人物はどのような人かを日本語で答えなさい。 (4点)

Bob(ボブ)という名前で，イタリアで(　　　　)。

(3) 武史はイタリアでサッカーの試合を見るほかに何がしたいですか。日本語で答えなさい。 (5点)

(　　　　)

(4) 次の問いに武史になったつもりで答えるとき，正しい答えを下のア～エから選んで書きなさい。 (5点×2)

(a) Do you play soccer well? (　　)

(b) Are you from Nagoya? (　　)

ア Yes, I do.　イ No, I don't.　ウ Yes, I am.　エ No, I'm not.

PROGRAM 1

# 友だちを作ろう

教科書 pp.21 ～ 28

## Word Web ①

### 1 be 動詞の肯定文・否定文（am, are）

① I am Masaru.（私はマサルです。） You are Bob.（あなたはボブです。）

☑「私は～です。」と言うときには am,「あなたは～です。」と言うときには are を使います。am や are は be 動詞と言います。

② I am not Satoru.（私はサトルではありません。）

You are not Ben.（あなたはベンではありません。）

☑「～ではない。」という否定文は，be 動詞のうしろに not を置きます。

☑ 会話では短縮形をよく使います。I am = I'm, you are = you're, are not = aren't

be 動詞の文では
I=Masaru, You=Bob
という関係になるよ。

✓Check 次の日本語に合うように，空所に適する語を書きなさい。

(1) 私はサッカーファンです。

______ ______ a soccer fan.

★「私は～です。」は，I am ～. で表す。

(2) 私はみらい市の出身ではありません。

______ ______ from Mirai City.

★「私は～ではありません。」という否定文は，am のうしろに not を置く。空所の数から，I am の短縮形 I'm を使う。

(3) あなたは正直です。

______ ______ honest.

★「あなたは～です。」は，You are ～. で表す。

### 2 be 動詞の疑問文

① Are you from the U.S.?（あなたはアメリカ合衆国出身ですか。）

― No, I'm not.（いいえ，違います。）

☑「～ですか。」という疑問文は be 動詞を主語の前に出します。

☑ Are you ～? には，Yes, I am. または No, I'm [I am] not. で答えます。

② Where are you from?（あなたはどこの出身ですか。）

― I'm from New Zealand.（私はニュージーランドの出身です。）

☑ 場所をたずねるときは where を使い，文頭に置きます。うしろに be 動詞の疑問文を続けます。

☑ 答えるときは Yes / No を使わず，場所を具体的に言います。

✓Check 次の日本語に合うように，空所に適する語を書きなさい。

(1) あなたは１年Ｂ組ですか。— はい，そうです。

______ ______ in 1−B? — Yes, ______ ______.

★「あなたは～ですか。」という疑問文は，Are you ～? で表す。「はい，そうです。」と答えるときは，Yes, I am. で表す。

(2) あなたは真央ですか。

______ ______ Mao?

★「あなたは～ですか。」という疑問文は，Are you ～? で表す。

(3) ((2)の答えとして）いいえ，違います。私は美希です。

No, ______ ______. ______ Miki.

★ Are you ～? に「いいえ，違います。」と答えるときは，No, I am not. で表す。空所の数から I am を短縮形 I'm にする。

📖(4) あなたはどこの出身ですか。

______ ______ ______ from?

★「どこ」Where で文を始めて，be 動詞の疑問文の形〈be 動詞＋主語 ～?〉を続ける。

(5) ((4)の答えとして）私は大阪出身です。

______ ______ Osaka.

★ from ～は「～出身の」という意味。空所の数から I am を短縮形 I'm にする。

## 3 数の言い方

| | |
|---|---|
| 年　齢 | I'm 12[13]. (twelve[thirteen]) |
| 電話番号 | 5678−9012 (five six seven eight, nine oh[zero] one two) |
| 値　段 | 3,450 yen (three thousand four hundred (and) fifty yen) |
| | 25,000 yen (twenty−five thousand yen) |
| | 1 dollar (one dollar) |

☑ 1,000 は thousand で表します。カンマの区切りを目安にして読みます。

✓Check 次の日本語に合うように，空所に適する語を書きなさい。ただし，数字も英語のつづりで書くこと。

(1) あなたは 11 歳ですか。

Are you ______?

★「11(の)」は eleven で表す。

(2) 2,500 円

______ ______ ______ ______ yen

★カンマの区切りを目安に 2,000(two thousand)と 500(five hundred)に分けて読む。
単位は複数形にしないことに注意。

PROGRAM 1

# まとめテスト　第1回

## Word Web ①

教科書 pp.21 ～ 28

| 目標時間 | 得点 |
|---|---|
| 30分 | ／100 |

**1** リスニング　英語を聞いて，内容に合うものを選んで○で囲みなさい。　(2点×3＝6)

(1) 年齢：（ 30歳 ／ 13歳 ）

(2) 職業：（ 先生 ／ 学生 ）

(3) 性格：（ まじめな ／ 親切な ）

**2** 語句　英語は日本語に，日本語は英語にしなさい。　(2点×6＝12)

(1) twenty （　　　　）　(2) helpful （　　　　）

(3) student （　　　　）　(4) ほんとうに r＿＿ ＿＿lly

(5) 100 h＿＿ ＿＿ ＿＿red　(6) ファン ＿＿ ＿＿n

**3** 適語補充　空所に適切な1語を入れて，日本語に合う英文にしなさい。　(完答4点×4＝16)

(1) 私は福岡の出身です。

I ＿＿＿＿ ＿＿＿＿ Fukuoka.

(2) はじめまして。

＿＿＿＿ ＿＿＿＿ meet ＿＿＿＿.

(3) 訪れてくれてありがとう。

＿＿＿＿ ＿＿＿＿ visiting.

(4) 私はフランスに行きたいです。

I ＿＿＿＿ ＿＿＿＿ go to France.

**4** 適語選択　（　）内から適切な語句を選び，○で囲みなさい。　(3点×4＝12)

(1) I (am, are) Emily Johns.　➲1

(2) (Are, Am) you a student?　➲2

(3) I (not, am not, aren't) from the U.K.　➲1

(4) You and I (am, are) in 1–C.　➲1

**5** **整序** 日本語に合う英文になるように，(　　)内の語を並べかえて全文を書きなさい。

(6点×3＝18)

(1) あなたは野球ファンです。( are / fan / you / baseball / a ). →1

(2) 私は新入生ではありません。( new / am / student / I / a / not ). →1

(3) あなたは美術部に入っていますか。( club / you / are / the / in / art )? →2

**6** **英語で表現** 次の場合どう言うか。英語で書きなさい。ただし(　　)内の語を使うこと。

(7点×2＝14)

(1) 相手に，「あなたはとても礼儀正しい」と伝える場合（so, polite） →1

(2) 相手がどこの出身かたずねる場合（from） →2

**7** **読解** 次の会話文を読んで，あとの問いに答えなさい。 〔計22点〕

| | |
|---|---|
| *Mao:* | Nice to meet you. |
| *Daniel:* | Nice to meet you too.　I'm in 1–B. |
| *Mao:* | Me too.　I'm not from Mirai City. |
| *Daniel:* | You're just like me. |
| *Mao:* | ①<u>You</u> and ②<u>I</u> are new. |

(1) 下線部①と②が指す人物の名前を，それぞれ英語で書きなさい。 (3点×2)

① ＿＿＿＿＿＿　② ＿＿＿＿＿＿

(2) 本文の内容に合うように，真央になったつもりで，次の問いに3語の英語で答えなさい。(完答4点)

Are you in 1–A, Mao? — ＿＿＿＿, ＿＿＿＿ ＿＿＿＿.

(3) 本文の内容に合うものには○，合わないものには×を書きなさい。 (4点×3)

(a) 真央とダニエルは初対面である。 (　　)

(b) 真央はみらい市の出身である。 (　　)

(c) ダニエルは1年B組である。 (　　)

PROGRAM 1

# まとめテスト　第2回

## Word Web ①

教科書 pp.21 ～ 28

| 目標時間 | 得点 |
|---|---|
| 30分 | ／100 |

1 **リスニング** 英語を聞いて，正しいほうの名前をア，イから選びなさい。 (5点)

ア

美香

イ

リサ

(　　　)

2 **語句** 英語は日本語に，日本語は英語にしなさい。 (2点×6＝12)

(1) serious (　　　　　　)　　(2) thousand (　　　　　　)

(3) friendly (　　　　　　)　　(4) 問題 pro ＿＿ ＿＿ ＿＿ ＿＿

(5) 12(の) tw ＿＿ ＿＿ ＿＿ e　　(6) 話す t ＿＿ ＿＿ k

3 **適文選択** 次の会話について，(　　)に入れるのに最も適切なものを下のア～エの中から一つ選んで書きなさい。 (10点)

*Girl:* Nice to meet you. I'm Mary. I'm in 1–C.

*Boy:* (　　　　　　).

ア I'm a basketball fan　　イ You are in my class

ウ I'm thirteen　　エ You are active

4 **書きかえ** 次の文を(　　)内の指示にしたがって書きかえなさい。 (6点×4＝24)

(1) You are Ono Miki. (下線部を I にかえて) ➡1

(2) You are cheerful. (否定文に) ➡1

(3) Are you hungry? (この文に Yes で答えて) ➡2

(4) You're from the U.S.A. (下線部をたずねる文に) ➡2

**5** **整序** 日本語に合う英文になるように，(　　)内の語句を並べかえて全文を書きなさい。

(7点×2＝14)

(1) あなたはミラー先生ですか。( are / Ms. Miller / you )? ➔2

(2) あなたと私は音楽部に入っていません。

( the / are / in / music / you and I / club / not ). ➔1

**6** **英語で表現** 次の場合どう言うか。英語で書きなさい。ただし(　　)内の語を使うこと。

(9点×2＝18)

(1) 相手が名古屋出身かどうかをたずねる場合（Nagoya） ➔2

(2) 自分は注意深くないと言う場合（careful） ➔1

**7** **読解** 次の会話文を読んで，あとの問いに答えなさい。 〔計17点〕

*Ken:* Are you a new student?
*Emily:* Yes, I am. I'm Emily. I'm in 1–B.
*Ken:* I'm Ken. You are in my class!
*Emily:* Oh, really? Great. I want to go to the gym.
*Ken:* I see. ①Let's go.
*Emily:* Thanks. You're so ( ② ).

(1) 下線部①の go のあとに省略されている語句を補いなさい。 (完答6点)

Let's go ______ ______ ______.

(2) 本文の内容に合うように，健になったつもりで，次の問いに3語の英語で答えなさい。

(完答6点)

Are you in 1–B, Ken? — ______, ______ ______.

(3) ( ② )に入る適切な語を，下のア〜エから選びなさい。 (5点)

ア smart　イ helpful　ウ honest　エ shy　(　　)

PROGRAM 2

# 1-B の生徒たち

教科書 pp.29 ～ 38

## Word Web ② / Steps 1 / アクションコーナー

### 1 一般動詞の肯定文・否定文

① I have an apple for a snack.（おやつにリンゴが１個あります。）

☑ be 動詞以外の動作や思いを表す語を一般動詞と言います。

② I don't like apples.（私はリンゴが好きではありません。）

☑「～しません。」という否定文は，動詞の前に do not を置きます。

☑ don't は do not の短縮形です。

1つの文の中で，be 動詞と一般動詞がいっしょに使われることはないよ。

✓Check 次の日本語に合うように，空所に適する語を書きなさい。

(1) 私は夕食後にテレビを見ます。

I ＿＿＿＿ TV after dinner.

★「(テレビを) 見る」は watch。主語のあとに動詞を続ける。

(2) 私は絵を描きません。

I ＿＿＿＿ ＿＿＿＿ pictures.

★「(絵を) 描く」は draw。一般動詞の否定文は，動詞の前に do not を置く。空所の数から，do not の短縮形 don't を使う。

### 2 複数形

I eat five bananas for a snack.（私はおやつにバナナを５本食べます。）

☑ 名詞の複数形の作り方

①ふつうの語：語尾に –s をつける。 例 girl → girls，cup → cups

② –s，–sh，–ch，–x で終わる語：語尾に –es をつける。 例 class → classes，box → boxes

③〈子音字＋y〉で終わる語：語尾の y を i に変えて –es をつける。 例 city → cities

✓Check 次の日本語に合うように，空所に適する語を書きなさい。

(1) 私はリンゴが３個ほしいです。

I want ＿＿＿＿ ＿＿＿＿.

★「３個」なので，apple を複数形にする。–s をつけて apples とする。

(2) 私は部屋にいくつかの箱を持っています。

I have some ＿＿＿＿ in my room.

★ box の複数形は –es をつけて boxes とする。

## 3 一般動詞の疑問文

① Do you often climb mountains?（あなたはよく山に登りますか。）
— Yes, I do.（はい，登ります。）

☑「～しますか。」という疑問文は do を主語の前に出します。
☑ Do you ～? には Yes, I do. または No, I don't[do not]. で答えます。

② When do you climb?（あなたはいつ登りますか。）
— On weekends.（週末です。）

☑「いつ～しますか。」とたずねるときは when を使い，文頭に置きます。うしろに一般動詞の疑問文を続けます。
☑ 答えるときは Yes / No を使わず，いつするかを具体的に言います。

**Check** 次の日本語に合うように，空所に適する語を書きなさい。

(1) あなたはスポーツをしますか。— はい，します。

______ you ______ sports? — Yes, I ______.

★一般動詞の疑問文は，do を主語の前に置く。答えるときも do を使う。

(2) あなたはいつ英語を勉強しますか。

______ ______ you study English?

★「いつ」When を文頭に置いて，一般動詞の疑問文〈do＋主語＋動詞 ～?〉を続ける。

## 4 曜日と天気の言い方

① What day is it today?（今日は何曜日ですか。）
— It's Wednesday.（今日は水曜日です。）

☑ What day of the week is it today? でも曜日をたずねることができます。

② How's the weather today?（今日の天気はどうですか。）
— It's sunny.（今日は晴れです。）

☑「今日の天気はどうですか。」と天気をたずねるときは How's[How is] the weather today? で表します。

**Check** 次の日本語に合うように，空所に適する語を書きなさい。

(1) 今日は何曜日ですか。— 木曜日です。

______ ______ is it today? — It's ______.

★曜日をたずねるときは，What day is it today? で表す。

(2) 今日の天気はどうですか。— 雨です。

______ the weather today? — ______ rainy.

★天気をたずねるときは，How's[How is] the weather today? で表す。天気を表す文の主語は it を使う。

PROGRAM 2

# まとめテスト　第1回

## Word Web② / Steps 1 / アクションコーナー

教科書 pp.29～38

| 目標時間 | 得点 |
| --- | --- |
| 30分 | ／100 |

**1** リスニング　英語を聞いて，どの人物が由紀なのか，最も適切なものをア～オの中から一つ選んで書きなさい。（5点）

(　　　)

**2** 語句　英語は日本語に，日本語は英語にしなさい。（2点×4＝8）

(1) close　(　　　　　)　　(2) grow　(　　　　　)

(3) しばしば　＿ ＿ ＿ en　　(4) 土曜日　Sa ＿ ＿ ＿ day

**3** 適語補充　空所に適切な１語を入れて，日本語に合う英文にしなさい。（完答4点×5＝20）

(1) いっしょにテレビゲームをしましょう。― そうしましょう。
Let's play video games together. ― ＿＿＿＿, ＿＿＿＿.

(2) 私はイヌが大好きです。あなたはどうですか。
I like dogs ＿＿＿＿ ＿＿＿＿. ＿＿＿＿ ＿＿＿＿ you?

(3) 夜にギターをひいてはいけません。
Don't play the guitar ＿＿＿＿ ＿＿＿＿.

(4) 私たちは放課後，サッカーを練習します。
We practice soccer ＿＿＿＿ ＿＿＿＿.

(5) 私は午前中に部屋を掃除します。
I clean my room ＿＿＿＿ the ＿＿＿＿.

**4** 適語選択　(　　)内から適切な語句を選び，○で囲みなさい。（4点×4＝16）

(1) I (am, study) English every day. ➡1

(2) (Are, Do) you cook lunch on Sunday? ➡3

(3) I (don't, am not, not) drink milk. ➡1

(4) I want to buy some (apple, apples). ➡2

**5** **整序** 日本語に合う英文になるように，(　　)内の語句を並べかえて全文を書きなさい。

(7点×3＝21)

(1) 私は週末には図書館に行きません。

( do / I / the library / to / not / go ) on weekends. ➔1

(2) あなたはたまごが2個ほしいですか。( eggs / you / two / do / want )? ➔2 3

(3) 今日は何曜日ですか。( today / day / it / what / is )? ➔4

**6** **英語で表現** 次の場合どう言うか。英語で書きなさい。ただし(　　)内の語句を使うこと。

(8点×2＝16)

(1) 自分は数学が好きではないと相手に伝える場合 (math) ➔1

(2) 相手に，いつふろに入るかたずねる場合 (take a bath) ➔3

**7** **読解** 次の会話文を読んで，あとの問いに答えなさい。 〔計14点〕

| | |
|---|---|
| *Mao:* | I draw pictures every day. |
| *Daniel:* | Every day! I don't draw pictures. |
| *Mao:* | Really? Look at my notebooks! |
| *Daniel:* | Wow, flip books! You're a great artist. |

(1) 本文の内容に合うように，真央になったつもりで，次の問いに3語の英語で答えなさい。 (完答4点)

What do you do every day, Mao? — ＿＿＿ ＿＿＿ ＿＿＿.

(2) 本文の内容に合うように，(　　)内に適する日本語を書きなさい。 (完答5点×2)

(a) ダニエルは (　　　　　　　　) ません。

(b) 真央の (　　　　　　　　) を見たダニエルは，

真央のことを (　　　　　　　　　　　　) だと言っています。

# まとめテスト　第2回

教科書 pp.29 ～ 38

Word Web ② / Steps 1 / アクションコーナー

| 目標時間 | 得点 |
| --- | --- |
| 30分 | ／100 |

1 **リスニング** 純が友人と話しています。英語を聞いて，正しいほうに○をつけなさい。

(3点×2＝6)

(1) 純はイヌが（ 好き ／ 好きではない ）。

(2) 純は（ 登校前 ／ 放課後 ）にイヌを散歩させる。

2 **語句** 英語は日本語に，日本語は英語にしなさい。 (2点×4＝8)

(1) Tuesday （　　　　　）　(2) dinner （　　　　　）

(3) 絵，写真　pi ____ ____ ure　(4) 書く　____ ____ ite

3 **適語補充** 空所に適切な1語を入れて，日本語に合う英文にしなさい。 (完答4点×4＝16)

(1) 私の自転車を見て。

____ ____ my bike.

(2) あなたは毎日走りますか。

Do you run ____ ____?

(3) 私は午後にお茶を飲みます。

I drink some tea ____ the ____.

(4) 明日，買い物に行きましょう。

Let's ____ ____ tomorrow.

4 **書きかえ** 次の文を(　　)内の指示にしたがって書きかえなさい。 (7点×3＝21)

(1) I have <u>a</u> notebook.（下線部を three にかえて） ➡2

____________________

(2) I use a computer.（否定文に） ➡1

____________________

(3) Do you often walk in the park?（この疑問文に No で答えて） ➡3

____________________

**5** **整序** 日本語に合う英文になるように，(　　)内の語を並べかえて全文を書きなさい。

(7点×2＝14)

(1) 私は日曜日にはギターを練習しません。

( the / don't / guitar / practice / I ) on Sunday. ➲**1**

(2) あなたは朝食の前に顔を洗いますか。

( wash / you / face / do / your ) before breakfast? ➲**3**

**6** **英語で表現** 次の場合どう言うか。英語で書きなさい。ただし(　　)内の語を使って，必要があれば適切な形にすること。

(8点×2＝16)

(1) 自分は腕時計を２つ持っていると言う場合（watch） ➲**1 2**

(2) How's the weather today? とたずねられて，「くもりです」と答える場合（cloudy） ➲**4**

**7** **読解** 次の会話文を読んで，あとの問いに答えなさい。

〔計19点〕

*Daniel:* Do you play sports?
*Emily:* Yes, I do. I like basketball very much.
*Daniel:* When do you play basketball?
*Emily:* □
*Daniel:* I play basketball too.
*Emily:* Let's play together tomorrow.
*Daniel:* Yes, let's.

(1) □ に入る適切な英文を，下のア～ウから選びなさい。 (4点)

ア During lunch break.　イ No, I don't.　ウ In the gym.　(　　)

(2) 本文の内容に合うように，エミリーになったつもりで，次の問いに３語の英語で答えなさい。 (完答5点)

Do you like basketball, Emily? — ＿＿＿, ＿＿＿ ＿＿＿.

(3) ダニエルとエミリーは，いつ，何をしますか。下の日本語を完成させなさい。 (5点×2)

ダニエルとエミリーは（　　　　　），いっしょに（　　　　　）をします。

# 定期テスト予想問題1　第1回

教科書 pp.21 ～ 38

## PROGRAM 1 ～ アクションコーナー

| 目標時間 | 得点 |
| --- | --- |
| 30分 | ／100 |

**1** **リスニング** 次の各問いに答えなさい。

(1) イラストを参考にしながら会話と応答を聞き，最も適切な応答をア～ウの中から一つ選んで書きなさい。 (7点×3＝21)

(a) (　　　　)　　(b) (　　　　)　　(c) (　　　　)

(2) 英文と質問を聞き，その答えとして最も適切なものをア～エの中から一つ選びなさい。 (7点)

ア Apples.　　イ Bananas.

ウ Oranges.　　エ Peaches.　　(　　　　)

**2** **適語補充** 空所に適切な１語を入れて，日本語に合う英文にしなさい。 (完答4点×2＝8)

(1) この写真を見て。

＿＿＿＿ ＿＿＿＿ this picture.

(2) 私たちは毎週末に買い物に行きます。

We ＿＿＿＿ ＿＿＿＿ on weekends.

**3** **適文選択** 次の会話について，(　　)に入れるのに最も適切なものを下のア～エの中から一つ選んで書きなさい。 (8点×2＝16)

(1) *Son: Good morning, Mom. How's the weather today? →P2 4

*Mother:* (　　　　) Enjoy your field trip.

ア It's Wednesday.　　イ It's April 12.

ウ It's eight thirty.　　エ It's cloudy.

*son 息子

(2) *Man: Do you want tomatoes? →P2 2 3

*Woman: (　　　　)

*man 男性
*woman 女性

ア Two, please.　　イ I don't have a tomato.

ウ I like apples.　　エ I make pizza for lunch.

4 **英語で表現** 真理になったつもりでボブの質問に3語以上の英語で書きなさい。 ➲P1 2

（10点）

5 **読解** 次の会話文を読んで，あとの問いに答えなさい。 〔計38点〕

| | |
|---|---|
| *Ken:* | ①( a / are / student / you / new )? |
| *Emily:* | Yes, I am. I'm Emily. I'm in 1－B. |
| *Ken:* | I'm Ken. You are in my class! |
| *Emily:* | Oh, really? Great. I want to go to the gym. |
| *Ken:* | ( ② ) Let's go. |
| *Emily:* | Thanks. ③You're so helpful. |
| *Ken:* | ( ④ ) Where are you from? |
| *Emily:* | ⑤(　　)(　　) Australia. |

(1) 下線部①の(　　)内の語を並べかえて，全文を書きなさい。 (5点)

(2) ( ② )，( ④ )に入る最も適切な英文を，ア～ウから選びなさい。 (3点×2＝6)

ア Yes, let's.　イ I see.　ウ No problem.

② (　　　)　④ (　　　)

(3) エミリーが下線部③のように言ったのはなぜか。日本語で書きなさい。 (7点)

(　　　　　　　　　　)

(4) 下線部⑤の(　　)に入る語を書いて，文を完成しなさい。 (完答5点)

______ ______ Australia.

(5) 本文の内容に合うものには○を，合わないものには×を書きなさい。 (5点×3＝15)

(a) 健とエミリーは同じクラスです。 (　　)

(b) 健はエミリーに教室に行こうと言っています。 (　　)

(c) 健はエミリーの出身地を知りませんでした。 (　　)

# 定期テスト予想問題1　第2回

教科書 pp.21 ～ 38

## PROGRAM 1 ～ アクションコーナー

| 目標時間 | 得点 |
| --- | --- |
| 30分 | ／100 |

**1** **リスニング** 次の各問いに答えなさい。

(1) イラストを参考にしながら会話と応答を聞き，最も適切な応答をア～ウの中から一つ選んで書きなさい。 (8点×3＝24)

(a) (　　　　)　(b) (　　　　)　(c) (　　　　)

(2) 英文と質問を聞き，その答えとして最も適切なものをア～エの中から一つ選びなさい。 (8点)

ア It's rainy.　イ It's weekend.
ウ It's Tuesday.　エ It's Thursday.　(　　　　)

**2** **適語補充** 空所に適切な１語を入れて，日本語に合う英文にしなさい。 (完答4点×2＝8)

(1) あなたは午前中に英語を勉強しますか。

Do you study English ________ the ________?

(2) 聞いてくれてありがとう。

________ ________ listening.

**3** **適文選択** 次の会話について，(　　)に入れるのに最も適切なものを下のア～エの中から一つ選んで書きなさい。 (10点×2＝20)

(1) *Boy :* You're a great artist. (　　　　) ➡P2 3

*Girl :* I usually draw in the park.

ア What color do you use?　イ Do you like pictures?
ウ Where do you draw pictures?　エ When do you look at pictures?

(2) *Mother :* What do you want to eat for dinner? ➡P2 3

**Son :* (　　　　) Mom, I'm very hungry.　*son 息子

ア No, I don't eat dinner.　イ I want to eat Japanese food.
ウ I want to eat breakfast.　エ You're very serious.

4 **英語で表現** 拓になったつもりでアンの質問に4語以上の英語で書きなさい。 ➔P2 2 3

(10点)

..................................................................

5 **読解** 次の会話文を読んで，あとの問いに答えなさい。 〔計30点〕

| | |
|---|---|
| *Daniel:* | Do you play sports? |
| *Emily:* | ( ① ) I like basketball very much. |
| *Daniel:* | ②( play / do / when / basketball / you )? |
| *Emily:* | During lunch break. |
| *Daniel:* | I play basketball too. |
| *Emily:* | ③Let's play together tomorrow. |
| *Daniel:* | ④(　　), (　　). |

(1) ( ① )に入る適切な英文を，下のア～エから選びなさい。 (6点)

ア Yes, I am.　イ No, I'm not.　ウ Yes, I do.　エ I'm happy.

(　　　)

(2) 下線部②の(　　)内の語を並べかえて，全文を書きなさい。 (6点)

..................................................................

(3) 下線部③に省略されている語を補いなさい。 (5点)

Let's play ______________ together tomorrow.

(4) 下線部④が「はい，そうしましょう」という意味になるように，(　　)に適する語を書きなさい。

______________, ______________. (完答5点)

(5) 本文の内容に合うように，エミリーになったつもりで次の問いに答えなさい。(完答8点)

Are you a basketball fan, Emily?

— ______________, I ______________.

# タレントショーを開こう

教科書 pp.39 ～ 52

## Steps 2 / Our Project ① / Power-Up 1

### 1　can の肯定文・否定文

① I can make *sushi*.（私はすしを作ることができます。）

☑「～することができる。」と言うときには can を使います。〈can＋動詞〉で表します。

☑ can のように，動詞の前に置いて，その動詞を助ける働きをする語を助動詞と言います。

② I can't eat fish.（私はさかなを食べられません。）

☑「～することができない。」という否定文は，動詞の前に can't[cannot] を置きます。

☑ can't は cannot の短縮形です。

主語が何でも〈can＋動詞〉，〈can't＋動詞〉の形は変わらないよ。

✓Check　次の日本語に合うように，空所に適する語を書きなさい。

(1) エミリーは日本語を話すことができます。

Emily ＿＿＿＿＿ ＿＿＿＿＿ Japanese.

★「～することができる。」は，主語が何でも〈can＋動詞〉の形で表す。

📖(2) 私はギターをひくことができません。

I ＿＿＿＿＿ ＿＿＿＿＿ the guitar.

★「～することができない。」という否定文は，動詞の前に can't[cannot] を置く。

(3) 私たちはここで昼食を食べることができません。

We ＿＿＿＿＿ ＿＿＿＿＿ lunch here.

★「～することができない。」という否定文は，動詞の前に can't[cannot] を置く。

### 2　can の疑問文

① Can you cook?（あなたは料理ができますか。）

— Yes, I can.（はい，できます。）

☑「～することができますか。」という疑問文は can を主語の前に出します。

☑ 答えの文でも can を使い，〈Yes, 主語＋can.〉または〈No, 主語＋can't[cannot].〉で表します。

② What can you make?（何を作ることができますか。）

— I can make *ramen*.（私はラーメンを作ることができます。）

☑「何を～しますか。」とたずねるときは what を使い，文頭に置きます。うしろに can の疑問文を続けます。

☑ 答えるときは Yes / No を使わず，何をすることができるかを具体的に言います。

✓Check 次の日本語に合うように，空所に適する語を書きなさい。

(1) あなたは踊ることができますか。

_____ you _____?

★「～することができますか。」という疑問文は，〈Can＋主語＋動詞 ～?〉で表す。

(2) ((1)の答えとして) いいえ，できません。

_____, I _____.

★ Can ～? には，can を使って答える。No で答えるときは，can't または cannot を使う。

(3) 真央はじょうずに絵を描くことができますか。— はい，できます。

_____ Mao _____ pictures well? — _____, she _____.

★主語の前に can を置く。「(絵を)描く」は draw。

(4) あなたのお姉さんは何を料理することができますか。

_____ _____ your sister _____?

★「何を」What で文を始めて，can の疑問文の形〈can＋主語＋動詞 ～?〉を続ける。「料理する」は cook。

(5) ((4)の答えとして) 彼女はピザを料理することができます。

She _____ _____ pizza.

★疑問詞のある疑問文には，疑問詞が表す意味（ここでは「何を」）に対して具体的な内容を答える。

## 3 How much ～?

How much is it? (いくらですか。)

— Six dollars and seventy cents, please. (6 ドル 70 セントです。)

☑ 買い物をしたときなど，「～はいくらですか。」とたずねるときは，How much ～? で表します。

☑ 答えるときは Yes / No を使わずに，金額を言います。〈It is＋値段 .〉と答えることもできます。

✓Check 次の日本語に合うように，空所に適する語を書きなさい。

(1) いくらですか。— 12 ドルです。

_____ _____ is it? — Twelve dollars, _____.

★値段をたずねるときは，How much ～? で表す。

(2) この腕時計はいくらですか。— 8,500 円です。

_____ _____ is this watch? — It is eight thousand and five hundred yen.

★具体的なものを指し示して値段をたずねるときは，How much is this[that] ～? のように言う。

# まとめテスト　第1回

Steps 2 / Our Project ① / Power-Up 1

教科書 pp.39～52

| 目標時間 | 得点 |
| --- | --- |
| 30分 | ／100 |

**1** リスニング　アンとトムの会話を聞いて，アンができないことを，ア～エの中から一つ選んで書きなさい。（5点）

ア　swim

イ　dance

ウ　ski

エ　speak Japanese

（　　）

**2** 語句　英語は日本語に，日本語は英語にしなさい。（2点×4＝8）

(1) everyone　（　　　　　）　(2) uncle　（　　　　　）

(3) ギター　g ______ ______ tar　(4) 変える　______ ______ an ______ e

**3** 適語補充　空所に適切な1語を入れて，日本語に合う英文にしなさい。（完答4点×4＝16）

(1) あなたの自転車を使ってもいいですか。
______ ______ use your bike?

(2) 〔物を相手に手渡しながら〕はい，どうぞ。
______ you ______.

(3) 私たちは毎年，沖縄ですばらしい時を過ごします。
We ______ a great ______ in Okinawa every year.

(4) 私は家から学校まで毎日歩きます。
I walk ______ my house ______ school every day.

**4** 適語選択　(　　)内から適切な語句を選び，○で囲みなさい。（5点×5＝25）

(1) I (am, are, can) run fast.　➡1

(2) (Are, Can, Am) your sister ride a bike?　➡2

(3) Takeshi (can't, is not) drink milk.　➡1

(4) (What, Who, Where) can we see? — We can see pandas.　➡2

(5) How (many, much) is this bag? — It's 3,000 yen.　➡3

5 **整序** 日本語に合う英文になるように，(　　)内の語句を並べかえて全文を書きなさい。

(6点×3＝18)

(1) 私の弟は漢字を書くことができません。( write / my brother / *kanji* / can't ). ➔1

(2) 私のイヌはボールをとらえることができます。( can / my dog / a ball / catch ). ➔1

(3) あなたは何を料理することができますか。

( cook / can / what / you )? ➔2

6 **英語で表現** 次の場合どう言うか。英語で書きなさい。ただし(　　)内の語を使うこと。

(7点×2＝14)

(1) 自分は速く走ることができないと相手に伝える場合（run，fast） ➔1

(2) 相手に英語を話せるかどうかたずねる場合（speak，English） ➔2

7 **読解** 次の会話文を読んで，あとの問いに答えなさい。 〔計14点〕

| | |
|---|---|
| *Ken:* | Let's have a talent show. |
| *Emily:* | I can play the guitar well. |
| *Ken:* | I can't play the guitar. (　　) I can sing well. |
| *Ms. Miller:* | That's great. You can perform together. |

(1) (　　)に入る適切な語を，下のア～ウから選びなさい。 (4点)

ア And　イ But　ウ So (　　)

(2) 本文の内容に合うものには○，合わないものには×を書きなさい。 (5点×2)

(a) タレントショーをしようと提案したのは健である。 (　　)

(b) 健とエミリーはタレントショーでいっしょにギターを演奏することができる。

(　　)

PROGRAM 3

# まとめテスト　第2回

## Steps 2 / Our Project ① / Power-Up 1

教科書 pp.39 ~ 52

| 目標時間 | 得点 |
|---|---|
| 30分 | ／100 |

1 **リスニング** 英語を聞いて，あかりができることとできないことを選び，○をつけなさい。 (5点)

| | |
|---|---|
| できること | スパゲッティ作り ／ みそ汁作り |
| できないこと | スパゲッティ作り ／ みそ汁作り |

2 **語句** 英語は日本語に，日本語は英語にしなさい。 (2点×4＝8)

(1) clerk (　　　　　) (2) classmate (　　　　　)

(3) 彼らの，彼女らの th ____ ____ r (4) 大きい，広い l ____ ____ ge

3 **適語補充** 空所に適切な1語を入れて，日本語に合う英文にしなさい。 (完答5点×4＝20)

(1) 私はよくテレビで野球を見ます。

I often watch baseball ________ ________.

(2) こちらでめしあがりますか，お持ち帰りになりますか。

________ here ________ ________ go?

(3) テニスを熱心に練習しましょう。

________ ________ tennis ________.

(4) ハンバーガーをもらえますか。

________ ________ have a hamburger?

4 **書きかえ** 次の文を(　　)内の指示にしたがって書きかえなさい。 (7点×3＝21)

(1) I can sing English songs.（下線部を My brother にかえて） ➡1

(2) I don't swim fast.（「～できません」という文に） ➡1

(3) They can use the computers during lunch break.（下線部をたずねる文に） ➡2

**5** **整序** 日本語に合う英文になるように，(　　)内の語を並べかえて全文を書きなさい。

(7点×2＝14)

(1) 私たちは夏に花火を楽しむことができます。

( can / fireworks / we / enjoy ) in summer. ➡1

(2) これはいくらですか。

( this / how / is / much )? ➡3

**6** **英語で表現** 次の場合どう言うか。英語で書きなさい。ただし(　　)内の語を使うこと。

(8点×2＝16)

(1) 相手のお姉さんがピアノをひくことができるかどうかたずねる場合 (play) ➡2

(2) 自分はじょうずにスケートをすることができないと伝える場合 (skate, well) ➡1

**7** **読解** 次の会話文を読んで，あとの問いに答えなさい。 〔計16点〕

*Daniel:* I often watch an American talent show on TV.
*Mao:* Really?
*Daniel:* Do you know the Japanese dancer, EBIKEN?
*Mao:* Yes, I do.
*Daniel:* Let's dance like EBIKEN. Can you dance?
*Mao:* Yes, I can.

(1) 下線部の人物はどのような人か。日本語で書きなさい。 (6点)

(　　　　　　　　　　　　　　　　　　　　　　　　　　　　)

(2) 本文の内容に合うように，日本語を完成しなさい。 (5点×2)

(a) ダニエルはテレビでよく (　　　　　　　　　　　　　　) と言っている。

(b) ダニエルは真央に，(　　　　　　　　　　　　　　) と誘っている。

PROGRAM 4

# Let's Enjoy Japanese Culture.

教科書 pp.53 ~ 59

## 1 This [That] is ~. の肯定文・否定文・疑問文

① **This is a drone.**（これがドローンです。）

☑ 近くにあるものについて「これは~です。」と言うときには This is ~. で表します。

☑ 離れたところにあるものについて「あれは~です。」と言うときには That is ~. で表します。

☑ is, am, are はまとめて be 動詞と言います。

② **This [That] is not a bird.**（これは[あれは]鳥ではありません。）

☑「これは[あれは]~ではありません。」という否定文は，be 動詞のうしろに not を置きます。

☑ is not の短縮形は isn't です。

③ **Is that a bird?**（あれは鳥ですか。）

**— No, it isn't. It's a drone.**

（いいえ，違います。あれはドローンです。）

this や that は答えるときには it になるよ。

☑「これは[あれは]~ですか。」という疑問文は，be 動詞を主語の前に出します。

☑ Is this [that] ~? には，Yes, it is. / No, it isn't. のように答えます。

**Check** 次の日本語に合うように，空所に適する語を書きなさい。

(1) これはウサギです。

______ ______ a rabbit.

★「これは~です。」は This is ~. で表す。

(2) あれは私のギターではありません。

______ is ______ ______ guitar.

★「あれは~ではありません。」は is のうしろに not を置き，That is not ~. で表す。「私の」は my で表す。

(3) これはほんとうにインクですか。

______ ______ really ink?

★「これは~ですか。」は is を this の前に出し，Is this ~? で表す。

(4) あれはトラですか。— いいえ，違います。それはライオンです。

______ ______ a tiger?

— No, ______ ______. ______ a lion.

★「あれは~ですか。」は is を that の前に出し，Is that ~? で表す。答えの文では it を使う。it is の短縮形は it's。

## 2 Who ～? と代名詞（he，she，it）

① **Who is that woman?**（あの女の人はだれですか。）

**— She is an android, Chihira Aiko.**

（彼女はアンドロイドの地平アイコです。）

☑「～はだれですか。」とたずねるときには who を使い，文頭に置きます。

☑ Who ～? に答えるときは，代名詞を使って，だれであるかを具体的に答えます。

② **This is my uncle. He is a teacher.**

（こちらは私のおじです。彼は先生です。）

☑ 前に出てきた名詞を受けてその代わりに使う語を代名詞と言います。

☑ 代名詞の短縮形 he is＝he's，she is＝she's，it is＝it's

①の文では that woman を She で，②の文では my uncle を He で受けているね。

**Check** 次の日本語に合うように，空所に適する語を書きなさい。

(1) この男の子はだれですか。— 彼は私の弟です。

______ ______ this boy? — ______ ______ my brother.

★「だれ」を表す Who を文頭に置いて，疑問文の形〈be 動詞＋主語 ?〉を続ける。答えの文の主語は代名詞にする。

(2) こちらはエミリーです。彼女は私の友だちです。

______ ______ Emily. ______ my friend.

★「こちらは～です。」と人を紹介するときは，This is ～. で表す。2 文目は空所の数から She is の短縮形 She's を使う。

(3) 彼はオーストラリア出身ですか。— いいえ，違います。

______ ______ from Australia? — No, ______ ______.

★ He is ～.「彼は～です。」の疑問文は，be 動詞(is)を主語(he)の前に出す。

(4) 彼女は私の妹ではありません。

______ ______ my sister.

★空所の数から She is not の短縮形の She isn't [She's not] を使う。

(5) 着物を着たこの女の人はだれですか。

______ ______ this woman in *kimono*?

★「～はだれですか。」は Who is ～ ? で表す。

(6) あの男の人はだれですか。— 彼は私たちの英語の先生です。

______ ______ that man? — ______ our English teacher.

★ He is の短縮形は He's。

PROGRAM 4

# まとめテスト　第1回

教科書 pp.53 ~ 59

| 目標時間 | 得点 |
| --- | --- |
| 30分 | ／100 |

**1** リスニング　英語を聞いて，内容に合う絵を，ア～ウの中から一つ選んで書きなさい。（5点）

ア 

イ 

ウ 

（　　）

**2** 語句　英語は日本語に，日本語は英語にしなさい。（2点×6＝12）

(1) save　（　　　　　）　(2) useful　（　　　　　）

(3) smile　（　　　　　）　(4) 答え　_ _ _ _ er

(5) 人，個人　per _ _ _　(6) 文化　_ _ _ ture

**3** 適語補充　空所に適切な1語を入れて，日本語に合う英文にしなさい。（完答4点×4＝16）

(1) 美希は歌手のようにじょうずに歌えます。

Miki can sing well ＿＿＿＿＿ a singer.

(2) 彼は頭がよいです。— そのとおりです。

He is smart. — ＿＿＿＿＿ ＿＿＿＿＿.

(3) 制服を着たあの女の子を見て。

Look at that girl ＿＿＿＿＿ a uniform.

(4) 私はあの山に登りたいです。

I ＿＿＿＿＿ ＿＿＿＿＿ climb that mountain.

**4** 適語選択　（　　）内から適切な語句を選び，○で囲みなさい。（完答4点×5＝20）

(1) Is this your desk? — Yes, (this, that, it) is.　➡1

(2) That (are not, not, is not) my cap.　➡1

(3) (What's, What) this? — (It, It's, That is) an elephant.　➡1

(4) Is your father a baseball fan? — No, (he, she, it) isn't.　➡2

(5) (When, Who) is this man in this picture? — He's a popular comedian.　➡2

**5** **整序** 日本語に合う英文になるように，(　　)内の語句を並べかえて全文を書きなさい。

(6点×2＝12)

(1) あれは病院ですか。( is / hospital / a / that )? ➡1

______________________________

(2) 彼女は高校生ではありません。( high school / is / a / she / student / not ). ➡2

______________________________

**6** **英語で表現** 次の場合どう言うか。英語で書きなさい。ただし(　　)内の語を使うこと。

(8点×2＝16)

(1) 手元にあるかさが相手のものかどうかたずねる場合（umbrella） ➡1

______________________________

(2) 相手に，離れたところにいる男の人がだれであるかをたずねる場合（man） ➡2

______________________________

**7** **読解** 次の会話文を読んで，あとの問いに答えなさい。 〔計19点〕

*Daniel:* What's this?
*Mao:* It's an ink stick.
*Daniel:* ①Is this really ink? It's hard.
*Mao:* Look. First, put water into your inkstone.
*Daniel:* OK.
*Mao:* Then, rub the ink stick on the inkstone.
*Daniel:* [　　　] That's ②hard work.

(1) ダニエルが下線部①のようにたずねているのはなぜですか。日本語を補って答えなさい。 (完答5点)

(　　　　　　　　　)が(　　　　　　　　　)から。

(2) [　　] に入る適切な英文を，下のア～エから選びなさい。 (4点)

ア How about you?　イ Yes, I can.　ウ I see.　エ That's right.（　　）

(3) 下線部②の手順を説明するとき，(　　)に入る日本語を答えなさい。(完答5点×2＝10)

1. まず，(　　　　　)に(　　　　　)を入れる。
2. それから，(　　　　　)の上で(　　　　　　　　)。

PROGRAM 4

# まとめテスト　第2回

教科書 pp.53 ~ 59

| 目標時間 | 得点 |
|---|---|
| 30分 | ／100 |

**1** リスニング　写真を見ながらボブと春香が話しています。英語を聞いて，どの人のことを話しているか，ア～ウの中から一つ選んで書きなさい。 (5点)

(　　　)

**2** 語句　英語は日本語に，日本語は英語にしなさい。 (2点×6＝12)

(1) push　(　　　　　　)　　(2) vegetable　(　　　　　　)

(3) real　(　　　　　　)　　(4) 仕事　w __ __ k

(5) 鳥　b __ __ d　　(6) 女の人　__ __ man

**3** 適語補充　空所に適切な1語を入れて，日本語に合う英文にしなさい。 (完答4点×2＝8)

(1) 明日公園で会いましょう。－ わかりました。

Let's meet at the park tomorrow. — I ________ ________.

(2) 純は速い走者です。— ああ，なるほど。

Jun is a fast runner. — Oh, ________ ________.

**4** 書きかえ　次の文を(　　)内の指示にしたがって書きかえなさい。 (6点×4＝24)

(1) This is my towel.（否定文に） ➡1

________________________________________

(2) He's thirteen years old.（疑問文に） ➡2

________________________________________

(3) That is a paper knife.（下線部をたずねる文に） ➡1

________________________________________

(4) Is that an amusement park?（この疑問文に No で答えて） ➡1

________________________________________

**5** **整序** 日本語に合う英文になるように，(　　)内の語を並べかえて全文を書きなさい。

(7点×2＝14)

(1) これはあなたのノートですか。( notebook / is / your / this )? ➡1

______________________________________________

(2) あなたの英語の先生はだれですか。( teacher / is / who / English / your )? ➡2

______________________________________________

**6** **英語で表現** 次の場合どう言うか。英語で書きなさい。ただし(　　)内の語を使うこと。

(8点×2＝16)

(1) 看護師をしている自分の姉を「こちらは～です。彼女は～です」と相手に紹介する場合（sister, nurse） ➡2

______________________________________________

(2) 離れたところにあるものが消しゴムではないと伝える場合（eraser） ➡1

______________________________________________

**7** **読解** 次の会話文を読んで，あとの問いに答えなさい。 〔計21点〕

*Mao:* *Karuta* cards have ①two types.
*Daniel:* Two types?
*Mao:* Yes, reading cards and grabbing cards.
*Daniel:* Who is ②this woman in *kimono*?
*Mao:* She is Ono no Komachi.
*Daniel:* Is she a princess?
*Mao:* [　　] She is a famous poet.

(1) 下線部①が表すものを具体的に日本語で答えなさい。 (完答8点)

(　　　　　　　　　　) と (　　　　　　　　　　)。

(2) 下線部②の人物について説明するとき，(　　)に入る日本語を答えなさい。(完答8点)

(　　　　　　) という名前で，(　　　　　　　　　　) である。

(3) [　　] に入る適切な英文を，下のア～エから選びなさい。 (5点)

ア Yes, she is.　イ No, she isn't.　ウ Yes, it is.　エ No, it isn't.　(　　　)

Power-Up 2

# 持ち主をたずねよう

教科書 p.60

## 1 Which ～?

**Which notebook is yours, the blue one or the light blue one?**

(青色のノートと明るい青色のノートのどちらがあなたのですか。)

**— The light blue one is.** (明るい青色のノートです。)

☑「A と B ではどちらが～ですか。」と２つのものを比べてたずねるときは，which を文頭に置きます。〈Which ～, A or B?〉で表します。

☑ 読むときは上げ調子と下げ調子に注意します。

Which notebook is yours, ( ↘ ) the blue one ( ↗ ) or the light blue one? ( ↘ )

☑ 答えるときは Yes / No は使わずに，A か B のどちらかを答えます。

yours「あなたのもの」は，ここでは your notebook を１語で表しているよ。

✓Check 次の日本語に合うように，空所に適する語を書きなさい。

(1) このかさとあのかさのどちらがあなたのものですか。

__________ umbrella is __________, this one __________ that one?

★「A と B ではどちらが～ですか。」は〈Which ～, A or B?〉の形で表す。「あなたのもの」＝ yours

(2) ((1)の答えとして)あのかさです。

That one __________.

★〈Which ～, A or B?〉には A または B で答える。〈～〉が be 動詞の文なので，〈A［B］＋is.〉で答える。

(3) 小さいかばんと大きいかばんのどちらが武史（Takeshi）のものですか。

__________ bag __________ __________, the small one __________ the big one?

★「～(名前)の」は〈人の名前・人を表す名詞＋'s〉で表す。

(4) ((3)の答えとして)小さいかばんです。

The small __________ __________.

★ one は前に出てきた単数の名詞の代わりをする語。

(5) 白色のユニフォームと青色のユニフォームのどちらがあなたのお気に入りのユニフォームですか。

__________ uniform __________ your favorite __________, the white one __________ the blue one?

★「A と B ではどちらが～ですか。」は〈Which ～, A or B?〉の形で表す。

## 2 Whose ～?

**Whose notebook is the other one?**
（もう一つのノートはだれのものですか。）

**— It's Daisuke's.**（それは大介のものです。）

☑「だれの～ですか。」と物の持ち主をたずねるときは，whose を文頭に置きます。
〈Whose＋名詞〉で「だれの～」という意味を表します。

☑ 答えるときは Yes / No を使わずに，以下のような形で持ち主を答えます。
- 「～のもの」：mine「私のもの」，yours「あなたのもの」など
- 「人の名前・人を表す名詞＋'s」：Ken's「健のもの」，my father's「私の父のもの」
- 「～の＋名詞」：my notebook「私のノート」，Daisuke's notebook「大介のノート」

**Check** 次の日本語に合うように，空所に適する語を書きなさい。

(1) これはだれのぼうしですか。

______ cap ______ this?

★「～はだれの…ですか。」は〈Whose＋名詞＋be 動詞＋主語 ?〉で表す。

(2) ((1)の答えとして)それは私のものです。

It's ______.

★「私のもの」＝ mine

(3) あれはだれのギターですか。

______ ______ ______ that?

★ Whose guitar「だれのギター」で文を始め，be 動詞は is にする。

(4) ((3)の答えとして)それは私の父のものです。

It's ______ ______.

★「私の父のもの」は my father's で表す。

(5) これらはだれのネコですか。

______ ______ ______ these?

★ these があるので，cats と複数形にする。Whose cats「だれのネコ」で文を始め，be 動詞は are にする。

(6) ((5)の答えとして)それらはチカ(Chika)のものです。

______ ______ ______.

★「チカのもの」は Chika's で表す。

Power-Up 2

# まとめテスト　第1回

教科書 p.60

| 目標時間 | 得点 |
| --- | --- |
| 30分 | ／100 |

1 リスニング 英語を聞いて，久美のイヌをア，イから一つ選んで書きなさい。 (5点)

ア

イ

(　　　)

2 語句 英語は日本語に，日本語は英語にしなさい。 (2点×4=8)

(1) yours (　　　　　)　(2) absent (　　　　　)

(3) これらの　th ＿ ＿ ＿　(4) ほかの　o ＿ ＿ er

3 適文選択 次の会話について，(　　)に入れるのに最も適切なものを下のア〜エの中から一つ選んで書きなさい。 (8点×2=16)

(1) *Boy :* Oh, that is a good piano. Is it yours? ➡2

*Girl :* (　　　　　) It's my sister's.

ア Yes, it's mine.　イ Yes, it's yours.

ウ No, it's not mine.　エ No, it's not yours.

(2) *Girl :* Two dogs are under the tree. (　　　　　) ➡1

*Boy :* The white one is.

ア Which dog is yours?　イ Where is your dog?

ウ What are they?　エ Whose dogs are they?

4 適語補充 次の疑問文に(　　)内の日本語で答えるとき，空所に適切な語を書きなさい。 (完答5点×3=15)

(1) Whose pen is this? (私の母のもの) — ＿＿＿＿＿ my ＿＿＿＿＿. ➡2

(2) Which is your father's car, this one or that one? (この車) ➡1

— This ＿＿＿＿＿ ＿＿＿＿＿.

(3) Whose books are they? (私のもの) — They are ＿＿＿＿＿. ➡2

**5** **整序** 日本語に合う英文になるように，(　　)内の語や符号を並べかえて全文を書きなさい。

(6点×3＝18)

(1) これらはだれの絵ですか。( these / whose / are / pictures )? ➡2

______________________________________________

(2) あの上着は私の兄のものです。( jacket / is / that / brother's / my ). ➡2

______________________________________________

(3) あなたの自転車と健の自転車のどちらが新しいですか。

( yours / bike / is / which / new / or / , ) Ken's? ➡1

______________________________________________

**6** **英語で表現** 次の場合どう言うか。英語で書きなさい。ただし(　　)内の語を使うこと。

(8点×2＝16)

(1) 赤いかばんと黒いかばんがあり，どちらが相手のものかをたずねる場合（red，black） ➡1

______________________________________________

(2) 近くにあるカップを指して，だれのものかをたずねる場合（cup） ➡2

______________________________________________

**7** **読解** 次の会話文を読んで，あとの問いに答えなさい。 〔計22点〕

| | |
|---|---|
| *Mr. White:* | Kaho, which notebook is yours, the blue one or the light blue one? |
| *Kaho:* | The light blue one is. |
| *Mr. White:* | (　　) notebook is the other one? |
| *Kaho:* | It's Daisuke's. He's absent today. |

(1) (　　)に入る適切な語を，下のア～ウから選びなさい。 (4点)

ア Who　イ What　ウ Whose　(　　　)

(2) 本文の内容に合うように，次の問いに３語の英語で答えなさい。 (完答6点)

Is Daisuke absent today? — __________, __________ __________.

(3) 本文の内容に合うように，次の問いに日本語で答えなさい。 (6点×2＝12)

(a) 果歩のノートは何色ですか。 (　　　　　　　　)

(b) 果歩のノートでないほうはだれのものですか。 (　　　　　　　　)

Power-Up 2

# まとめテスト　第2回

教科書 p.60

| 目標時間 | 得点 |
|---|---|
| 30分 | ／100 |

**1** リスニング　英語を聞いて，持ち主を，ア～ウの中から一つ選んで書きなさい。

(4点×2＝8)

(1)

(　　　)

(2)

(　　　)

ア　志保　　　イ　直樹　　　ウ　メアリー

**2** 語句　英語は日本語に，日本語は英語にしなさい。　(2点×4＝8)

(1) these　(　　　　　　)　　(2) both　(　　　　　　)

(3) 明るい　li ＿ ＿ t　　(4) あなたのもの　yo ＿ ＿ ＿

**3** 適文選択　次の会話について，(　　)に入れるのに最も適切なものを下のア～エの中から一つ選んで書きなさい。　(7点×2＝14)

(1) *Girl :* Which umbrella is yours, the blue one or the yellow one?　➡1

*Boy :* (　　　　　)

ア　I don't like the color.　　イ　That's Ken's.

ウ　The yellow one is.　　エ　The blue one is new.

(2) *Boy :* This isn't my cap. (　　　　　)　➡2

*Girl :* It's Kenji's.

ア　What is it?　　イ　Whose cap is it?

ウ　Where is mine?　　エ　Who is Kenji?

**4** 書きかえ　次の文を(　　)内の指示にしたがって書きかえなさい。　(7点×3＝21)

(1) Which cat is yours, the white one or the brown one? (the white one で答える文に)　➡1

＿＿＿＿＿＿＿＿＿＿＿＿＿＿＿＿＿＿＿＿＿＿＿＿＿＿＿＿＿＿

(2) This is your notebook. (This notebook で文を始めて，ほぼ同じ意味を表す4語の文に)　➡2

＿＿＿＿＿＿＿＿＿＿＿＿＿＿＿＿＿＿＿＿＿＿＿＿＿＿＿＿＿＿

(3) They are our uniforms. (下線部をたずねる文に)　➡2

＿＿＿＿＿＿＿＿＿＿＿＿＿＿＿＿＿＿＿＿＿＿＿＿＿＿＿＿＿＿

**5** **整序** 日本語に合う英文になるように，(　　)内の語句や符号を並べかえて全文を書きなさい。 (7点×2＝14)

(1) 〔1枚の写真を見ながら〕この男の子とあの男の子ではどちらがあなたの弟ですか。

( boy / or / your / brother / is / this one / which / , ) that one? ➡1

＿＿＿＿＿＿＿＿＿＿＿＿＿＿＿＿＿＿＿＿＿＿＿＿＿＿＿＿＿＿

(2) あれはだれの机ですか。( that / desk / is / whose )? ➡2

＿＿＿＿＿＿＿＿＿＿＿＿＿＿＿＿＿＿＿＿＿＿＿＿＿＿＿＿＿＿

**6** **英語で表現** 次の場合どう言うか。英語で書きなさい。ただし(　　)内の語を使うこと。 (8点×2＝16)

(1) 近くにある定規が相手のものかどうかたずねる場合（ruler, yours） ➡2

＿＿＿＿＿＿＿＿＿＿＿＿＿＿＿＿＿＿＿＿＿＿＿＿＿＿＿＿＿＿

(2) コンピュータが2台あり，これとあれのどちらが相手のものかをたずねる場合（computer） ➡1

＿＿＿＿＿＿＿＿＿＿＿＿＿＿＿＿＿＿＿＿＿＿＿＿＿＿＿＿＿＿

**7** **読解** 次の会話文を読んで，あとの問いに答えなさい。 〔計19点〕

| | |
|---|---|
| *Ms. Miller:* | Whose bags are ①these? They don't have names. |
| *Jun:* | Sorry. That's mine. |
| *Ms. Miller:* | Which one is ②yours? |
| *Jun:* | The black one is. |
| *Ms. Miller:* | Both are black. |
| *Jun:* | Mine is the small one. But the big one is not mine. |

(1) 下線部①を具体的に説明するとき，(　　)に日本語を補いなさい。 (完答5点)

どちらも(　　　　)色で(　　　　)が書かれていない。ただし，(　　　　)が違う。

(2) 下線部②を2語の英語で書きかえなさい。 (完答6点)

＿＿＿＿＿ ＿＿＿＿＿

(3) 本文の内容に合うように，次の問いに4語の英語で答えなさい。 (完答8点)

Which bag is Jun's, the small one or the big one?

— ＿＿＿＿＿ ＿＿＿＿＿ ＿＿＿＿＿ ＿＿＿＿＿.

# 定期テスト予想問題 2　第 1 回

教科書 pp.39 ～ 60

PROGRAM 3 ～ Power-Up 2

| 目標時間 | 得点 |
| --- | --- |
| 30分 | ／100 |

1 リスニング　次の各問いに答えなさい。

(1) イラストを参考にしながら会話と応答を聞き，最も適切な応答をア～ウの中から一つ選んで書きなさい。（7点×3＝21）

(a)（　　　　）　(b)（　　　　）　(c)（　　　　）

(2) 英文と質問を聞き，その答えとして最も適切なものをア～エの中から一つ選びなさい。（7点）

ア He can play rugby well.　イ He can speak Japanese well.

ウ He can swim fast.　エ He can run fast.　（　　　）

2 適語補充　空所に適切な 1 語を入れて，日本語に合う英文にしなさい。（完答4点×2＝8）

(1) ここから公園まで走りましょう。

Let's run ＿＿＿＿＿ here ＿＿＿＿＿ the park.

(2) 音楽ショーを楽しんでください。

＿＿＿＿＿ fun ＿＿＿＿＿ the music show.

3 適文選択　次の会話について，（　　）に入れるのに最も適切なものを下のア～エの中から一つ選んで書きなさい。（8点×2＝16）

(1) *Girl :* Look at that man by the window.  Is he a new teacher?　➲P4 1

*Boy :*（　　　　）

ア No, he can't.　イ They are kind.

ウ Yes, she is.　エ Yes.  That's Mr. Smith.

(2) *Boy :* I want to buy this notebook.（　　　　）　➲P3 3

*Woman :* It's one hundred fifty yen.

ア Do you use it?　イ What's that?

ウ How much is it?　エ Is that your notebook?

4 **英語で表現** 写真の持ち主になったつもりで質問に５語以上の英語で書きなさい。➲P4 2

質問：Who is this man? (10点)

おじの隆司《たかし》

＿＿＿＿＿＿＿＿＿＿＿＿＿＿＿＿＿＿＿＿＿＿＿＿＿＿＿＿＿＿

5 **読解** 次の会話文を読んで，あとの問いに答えなさい。〔計38点〕

| | |
|---|---|
| *Daniel:* | I often watch ①( a, an, some ) American talent show on TV. |
| *Mao:* | Really? |
| *Daniel:* | Do you know the Japanese dancer, EBIKEN? |
| *Mao:* | Yes, I do. |
| *Daniel:* | Let's dance like EBIKEN. ( ② ) |
| *Mao:* | Yes, I can. |
| *Daniel:* | ③( ) can you dance? |
| *Mao:* | I can do *bon* dance. |

(1) ①の( )内から適する語を選びなさい。＿＿＿＿＿＿ (4点)

(2) ( ② )に入る適切な英文を，下のア～エから選びなさい。(5点)

ア Do you dance?　イ Are you a dancer?

ウ Can you dance?　エ Is he a dancer?　( )

(3) 下線部③が意味の通る英文になるように，( )に適する語を書きなさい。(5点)

＿＿＿＿＿＿ can you dance?

(4) 本文の内容に合うように，次の問いに答えなさい。(完答8点×2＝16)

(a) Who is EBIKEN? — ＿＿＿＿＿＿ ＿＿＿＿＿＿ a Japanese dancer.

(b) Can Mao do *bon* dance? — ＿＿＿＿＿＿, ＿＿＿＿＿＿ ＿＿＿＿＿＿.

(5) 本文の内容に合うものを次の中から１つ選んで，記号で答えなさい。(8点)

ア ダニエルはテレビで日本のタレントショーを見ている。

イ EBIKEN はアメリカ人である。

ウ 真央は EBIKEN を知っている。

エ ダニエルはいっしょに盆踊りを踊ろうと真央を誘っている。( )

# 定期テスト予想問題2　第2回

教科書 pp.39 ~ 60

PROGRAM 3 ~ Power-Up 2

| 目標時間 | 得点 |
| --- | --- |
| 30分 | ／100 |

**1** **リスニング** 次の各問いに答えなさい。

(1) イラストを参考にしながら会話と応答を聞き，最も適切な応答をア～ウの中から一つ選んで書きなさい。 (7点×3＝21)

(a) (　　　　)　(b) (　　　　)　(c) (　　　　)

(2) 英文と質問を聞き，その答えとして最も適切なものをア～エの中から一つ選びなさい。 (7点)

ア He's Ken's friend.　イ He's in the *judo* club.

ウ He's very shy.　エ They go to school together.　(　　　　)

**2** **適語補充** 空所に適切な1語を入れて，日本語に合う英文にしなさい。 (完答4点×2＝8)

(1) このケーキを食べてもいいですか。

__________ __________ eat this cake?

(2) あなたは家族とすばらしい時を過ごすことができます。

You can __________ a great __________ with your family.

**3** **適文選択** 次の会話について，(　　)に入れるのに最も適切なものを下のア～エの中から一つ選んで書きなさい。 (9点×2＝18)

(1) *Girl :* Can you see that black cap, Ken? Whose cap is that? ➲P3 2, PU2 2

*Boy :* (　　　　)

ア It's not yours.　イ Oh, it's mine.

ウ It's my favorite color.　エ I want a red one.

(2) *Boy :* Emily is a new student in your class. Where is she from? ➲P4 2

*Girl :* (　　　　)

ア She's smart.　イ She's in the *kendo* club.

ウ She's from Australia.　エ She's a student.

4 **英語で表現** 理紗になったつもりでジョンの質問に５語以上の英語で書きなさい。➲P3 2

（10点）

______________________________

5 **読解** 次の会話文を読んで，あとの問いに答えなさい。〔計36点〕

*Daniel:* What's this?
*Mao:* It's an ink stick.
*Daniel:* Is this really ①ink? ②It's ( ③ ).
*Mao:* Look. First, put water into your inkstone.
*Daniel:* OK.
*Mao:* Then, rub the ink stick on the inkstone.
*Daniel:* I see. ④That's ( ③ ) work.
*Mao:* So ⑤we usually use *bokuju*.
*Daniel:* *Bokuju*? What's that?
*Mao:* ⑥It's ink. It can save time.

(1) 下線部①の作り方を次のように英語で説明するとき，空所に入る語を補いなさい。ただし，１語とは限らない。（3点×3＝9）

Put (a) ______________ into your inkstone, and then rub the (b) ______________ on the (c) ______________.

(2) 下線部②と⑥が指すものをそれぞれ日本語で答えなさい。（5点×2＝10）

②（　　　　　　　　　　）　⑥（　　　　　　　　　　）

(3) ③に共通して入る最も適切な語を，ア～エから選びなさい。（6点）

ア hard　イ strong　ウ busy　エ short　（　　）

(4) 下線部④を短縮形でない形に直しなさい。__________ __________（完答3点）

(5) 下線部⑤のようにすることによって，どのような利点がありますか。日本語で答えなさい。（8点）

（　　　　　　　　　　　　　　　　　　　　）

PROGRAM 5

# The Junior Safety Patrol

教科書 pp.61 ～ 68

## Word Web ③

### 1 三人称・単数・現在の肯定文・否定文

① **My grandmother makes lunch for me.**

（私のおばあさんは私のために昼食を作ってくれます。）

☑ 文の主語が三人称・単数で，時が現在の場合，動詞に -(e)s をつけます。三人称・単数とは，「私とあなた(相手)以外の１人・１つのもの」を指します。

☑ 動詞の -(e)s の形

①ふつうの語：-s をつける。　例 work → works，play → plays

②語尾が -o，-x，-s，-ch，-sh の語：-es をつける。　例 go → goes，wash → washes

③語尾が〈子音字＋y〉の語：y を i に変えて -es をつける。　例 study → studies

② **She doesn't make breakfast.**（彼女は朝食は作りません。）

☑ 文の主語が三人称・単数のときの一般動詞の否定文は，動詞の前に does not を置きます。動詞は原形(-(e)s のつかない元の形)にします。

☑ doesn't は does not の短縮形です。

「…は～しません。」は〈主語＋doesn't [does not]＋動詞の原形 ～.〉で表すよ。

**Check** 次の日本語に合うように，空所に適する語を書きなさい。

(1) 彼は毎日，通りに立ちます。

He ＿＿＿＿＿ on the street every day.

★主語が三人称(I と you 以外)で単数のときは，動詞に -s または -es をつける。

(2) 美希はときどき図書館で英語を勉強します。

Miki sometimes ＿＿＿＿＿ English at the library.

★主語が三人称・単数。study は y を i にかえて -es をつける。

(3) ミラー先生は日本語を話しません。

Ms. Miller ＿＿＿＿＿ ＿＿＿＿＿ ＿＿＿＿＿ Japanese.

★主語が三人称・単数のとき，否定文は動詞の前に does not を置く。動詞は原形にする。「話す」は speak。

(4) 私の弟は朝食を食べません。

My brother ＿＿＿＿＿ ＿＿＿＿＿ breakfast.

★主語が三人称・単数のとき，〈does not＋動詞の原形〉の形。空所の数から does not の短縮形 doesn't を使う。

## 2 三人称・単数・現在の疑問文

**Does your grandfather make breakfast?**
(あなたのおじいさんは朝食を作りますか。)
**— Yes, he does.** (はい，作ります。)

☑ 文の主語が三人称・単数のときの一般動詞の疑問文は，主語の前に does を置きます。動詞は原形(-(e)s のつかない元の形)にします。
☑ 答えの文でも does を使い，〈Yes, 主語＋does.〉または〈No, 主語＋doesn't[does not].〉で表します。

「…は～しますか。」は〈Does＋主語＋動詞の原形 ～?〉で表すよ。

✓Check 次の日本語に合うように，空所に適する語を書きなさい。

(1) トムはじょうずに歌いますか。— はい，歌います。

__________ Tom __________ well? — Yes, he __________.

★主語が三人称･単数のとき，疑問文は主語の前に Does を置く。動詞は原形。答えるときも does を使う。

📖(2) 彼女は彼女の仕事を楽しんでいますか。— はい，楽しんでいます。

__________ she __________ her job? — Yes, she __________.

★主語が三人称・単数のとき，疑問文は主語の前に Does を置く。動詞は原形。

(3) あなたのお兄さんは毎日公園を走りますか。— いいえ，走りません。

__________ your brother __________ in the park every day? — No, he __________.

★ Does で始まる疑問文には does を使って答える。does not の短縮形は doesn't。

## 3 季節・月の名前

season(季節)：spring(春)，summer(夏)，fall / autumn(秋)，winter(冬)
month(月)：January(１月)，February(２月)，March(３月)，April(４月)
May(５月)，June(６月)，July(７月)，August(８月)，September(９月)
October(10 月)，November(11 月)，December(12 月)

✓Check 次の日本語に合うように，空所に適する語を書きなさい。

(1) 七夕祭りは７月にあります。

The star festival is in __________.

★「７月」は July で表す。

(2) その山では冬にスキーができます。

You can ski on the mountain in __________.

★「冬」は winter で表す。

PROGRAM 5

# まとめテスト　第1回

Word Web ③

教科書 pp.61 ～ 68

| 目標時間 | 得点 |
| --- | --- |
| 30分 | ／100 |

**1** リスニング　奏太が友だちについて話しています。英語を聞いて，友だちがすることを，ア～ウの中から一つ選んで書きなさい。(5点)

ア

イ

ウ

(　　　)

**2** 語句　英語は日本語に，日本語は英語にしなさい。(2点×6＝12)

(1) nowadays　(　　　　　)　(2) travel　(　　　　　)

(3) important　(　　　　　)　(4) 2月　Fe _ _ _ ary

(5) 着ている　w _ _ r　(6) 自転車　bi _ _ _ le

**3** 適語補充　空所に適切な1語を入れて，日本語に合う英文にしなさい。(完答4点×4＝16)

(1) 私の父は毎朝，コーヒーを飲みます。

My father drinks coffee ＿＿＿＿ ＿＿＿＿.

(2) 部屋ではぼうしをぬいでください。

Please ＿＿＿＿ ＿＿＿＿ your hat in the room.

(3) あなたはバスケットボールチームの一員ですか。

Are you a ＿＿＿＿ ＿＿＿＿ the basketball team?

(4) 山田さんは自分の仕事を誇りに思っています。

Mr. Yamada ＿＿＿＿ ＿＿＿＿ ＿＿＿＿ his job.

**4** 適語選択　(　　)内から適切な語句を選び，○で囲みなさい。(完答4点×5＝20)

(1) (Does, Do, Is) Takeshi have any animals? — Yes. He (has, have) two dogs. ➲2

(2) Taichi and Mike (does not, do not, are not) play soccer on Wednesday. ➲1

(3) (Does, Do, Is, Are) the students walk to school? ➲2

(4) Does Emily like milk? — No, she (don't, doesn't). ➲2

(5) Where does Ken (live, lives)? — In Tokyo. ➲2

## 5 整序 日本語に合う英文になるように，(　　)内の語を並べかえて全文を書きなさい。

(6点×3＝18)

(1) ベッキーは毎日彼女のユニフォームを洗いますか。 ➡2

( wash / does / her / Becky / uniform ) every day?

______________________________

(2) 真央は私の家族を知りません。( family / does / Mao / not / my / know ). ➡1

______________________________

(3) ダニエルは朝食に何を食べますか。( Daniel / what / eat / does ) for breakfast? ➡2

______________________________

## 6 英語で表現 次の場合どう言うか。英語で書きなさい。ただし(　　)内の語句を使うこと。

(8点×2＝16)

(1) 私の弟は夏によく泳ぐと言う場合（often, in summer） ➡13

______________________________

(2) 相手に，健(Ken)はいつサッカーを練習するかたずねる場合（practice） ➡2

______________________________

## 7 読解 次の会話文を読んで，あとの問いに答えなさい。

〔計13点〕

*Mao:* That's my grandpa.
*Daniel:* Oh, he watches students, right?
*Mao:* Yes. He stands on the street every day.
*Daniel:* Every day?
*Mao:* Ah, he doesn't stand on weekends.
*Daniel:* I see. We have the same job in the U.S.
*Mao:* Really?

(1) 下線部が表す仕事とはどのようなものか，具体的に日本語で答えなさい。 (8点)

(　　　　　　　　　　　　　　　　　　　　)

(2) 本文の内容に合うように，次の問いに3語の英語で答えなさい。 (完答5点)

Does Mao's grandpa stand on the street from Monday to Friday?

— ________, ________ ________.

# まとめテスト　第2回

Word Web ③

教科書 pp.61 ～ 68

| 目標時間 | 得点 |
| --- | --- |
| 30分 | ／100 |

## 1 リスニング　英語を聞いて，サムとリンダについて日本語で書きなさい。　(3点×2＝6)

(1)

サムがひく楽器　(　　　　　　　　　　)

(2)

リンダが好きな食べもの　(　　　　　　　　　　)

## 2 語句　英語は日本語に，日本語は英語にしなさい。　(2点×4＝8)

(1) season　(　　　　　　)　(2) June　(　　　　　　)

(3) 同じ　s _ _ e　(4) 外国へ[に]　abr _ _ d

## 3 適語補充　空所に適切な1語を入れて，日本語に合う英文にしなさい。　(完答5点×3＝15)

(1) あなたはカナダ出身ですよね。

You are from Canada, ＿＿＿＿＿?

(2) 真央は家にいますか。

Is Mao ＿＿＿＿＿ ＿＿＿＿＿?

(3) 私の兄は週末は忙しいです。

My brother is busy ＿＿＿＿＿ ＿＿＿＿＿.

## 4 書きかえ　次の文を(　　)内の指示にしたがって書きかえなさい。　(6点×4＝24)

(1) <u>I</u> go to school with Miki.（下線部を Meg にかえて）　➡1

＿＿＿＿＿＿＿＿＿＿＿＿＿＿＿＿＿＿＿＿＿＿＿＿＿＿＿＿＿＿

(2) Ms. Miller sings well.（否定文に）　➡1

＿＿＿＿＿＿＿＿＿＿＿＿＿＿＿＿＿＿＿＿＿＿＿＿＿＿＿＿＿＿

(3) David has a big brother.（疑問文に）　➡2

＿＿＿＿＿＿＿＿＿＿＿＿＿＿＿＿＿＿＿＿＿＿＿＿＿＿＿＿＿＿

(4) She wants <u>a new hat</u>.（下線部をたずねる文に）　➡2

＿＿＿＿＿＿＿＿＿＿＿＿＿＿＿＿＿＿＿＿＿＿＿＿＿＿＿＿＿＿

5 **整序** 日本語に合う英文になるように，(　　)内の語句を並べかえて全文を書きなさい。

(5点×3=15)

(1) 彼は毎朝，朝食を食べます。( breakfast / eats / every / he ) morning. ➡1

______________________________

(2) エミリーは家でくつをはきません。Emily ( wear / does / at home / shoes / not ). ➡1

______________________________

(3) あなたのお姉さんは土曜日の朝，どこに行きますか。 ➡2

( where / go / Saturday morning / your sister / on / does )?

______________________________

6 **英語で表現** 次の場合どう言うか。英語で書きなさい。ただし(　　)内の語句を使うこと。

(8点×2=16)

(1) 自分のおじは，毎年８月にアメリカに行くと言う場合（the U.S.） ➡1 3

______________________________

(2) 相手に，ポール(Paul)は日本語を話さないと伝える場合（Japanese） ➡1

______________________________

7 **読解** 次の会話文を読んで，あとの問いに答えなさい。 〔計16点〕

*Daniel:* This is my cousin ①Jenny.
*Mao:* She's cool.
*Daniel:* She's a member of the Junior Safety Patrol.
*Ken:* Does she enjoy her job?
*Daniel:* [　　] She's proud of ②it too.
*Mao:* It's an important job.

(1) 下線部①の人物について説明するとき，(　　)に入る日本語を答えなさい。(完答6点)

ジェニーは(　　　　　　)のいとこで，(　　　　　　　　　　)の一員です。

(2) [　　] に入る適切な英文を，下のア～エから選びなさい。 (5点)

ア Yes, she does.　イ No, she doesn't.　ウ Yes, she is.　エ No, she isn't.

(　　　)

(3) 下線部②が指すものを英語２語で答えなさい。 (完答5点)

__________ __________

PROGRAM 6

# The Way to School

教科書 pp.69 ～ 75

## 1 代名詞（him，her）・代名詞のまとめ

① This is my friend Paul. — Oh, I know him.

（この人は私の友だちのポールです。）（まあ，私は彼を知っています。）

He is Sue's brother. — Oh, Sue!  I like her.

（彼はスーのお兄さんです。）（ああ，スーですね。私は彼女が好きです。）

☑「彼を［に / が］」は him，「彼女を［に / が］」は her で表します。

☑ 動詞や前置詞のうしろに置いて使います。

② This is his bag.（これは彼のかばんです。）

This bag is his.（このかばんは彼のものです。）

☑ 代名詞は人称（一人称，二人称，三人称），文の中での働き（主語のとき，所有を表すとき，目的語のとき），数（単数，複数）によって形が変わります。

たとえば，主語が一人称・単数のときは，I（私は［が］），my（私の），me（私を［に / が］），mine（私のもの）と変化するね。

✓Check 次の日本語に合うように，空所に適する語を書きなさい。

(1) 彼は私たちの英語の先生です。

__________ is __________ English teacher.

★「彼は」は主語にあたる部分で，He とする。「私たちの」は名詞の前に置かれて所有の意味を表すので，our とする。

(2) あなたは彼女を知っていますか。

Do you know __________?

★「彼女を」は動詞のうしろに置いて目的語になるので，her とする。

📖(3) 私たちは彼を映画の中で見ることができます。

__________ can see __________ in a movie.

★「私たちは」は主語にあたる部分で，We とする。「彼を」は動詞のうしろに置いて目的語になるので，him とする。

(4) 私はよく彼らといっしょにテレビゲームをします。

I often play video games with __________.

★「彼ら」は前置詞 with のうしろなので，「彼らを」を表す形 them にする。

(5) これらのボールは彼らのものです。

These balls are __________.

★「彼らのもの」は１語で所有を表す theirs とする。

## 2 Why ～? と Because ～.

**Why do you like Sue?**（あなたはなぜスーが好きなのですか。）

**— Because she is always kind to me.**

（なぜなら彼女はいつも私に親切にしてくれるからです。）

☑「なぜ～ですか。」と理由をたずねるときには why を使い，文頭に置きます。

☑ why でたずねられて，「～だから」と理由を答えるときには Because で文を始めます。

Why のうしろは疑問文，Because のうしろはふつうの文を続けるよ。

**✓Check** 次の日本語に合うように，空所に適する語を書きなさい。

(1) なぜサムは人気があるのですか。

________ is Sam popular?

★「なぜ～ですか。」は Why で文を始める。

(2) ((1)の答えとして)彼はだれにでも親切だからです。

________ he is kind to everyone.

★ Why ～? には Because ～. で理由を答える。

(3) なぜそれは危険なのですか。

________ ________ it dangerous?

★「なぜ」Why を文頭に置き，be 動詞の疑問文の形〈be 動詞＋主語 ～?〉を続ける。

(4) ((3)の答えとして)ゾウがときどき学校の子どもたちを襲うからです。

________ elephants sometimes attack school children.

★ Why ～? に〈Because＋主語＋動詞 ～.〉で理由を答える。

(5) なぜあなたはあの野球選手が好きなのですか。

________ do you like that baseball player?

★「なぜ～ですか。」は Why で文を始める。

(6) ((5)の答えとして)彼はかっこいいからです。

________ he is cool.

★ Why ～? には Because ～. で理由を答える。

(7) なぜ真央は毎日英語を勉強するのですか。

________ ________ Mao study English every day?

★「なぜ」Why を文頭に置き，一般動詞の疑問文の形〈do[does]＋主語＋動詞の原形 ～?〉を続ける。

(8) ((7)の答えとして)外国で働きたいと思っているからです。

________ she wants to work abroad.

PROGRAM 6

# まとめテスト　第1回

教科書 pp.69 ～ 75

| 目標時間 | 得点 |
| --- | --- |
| 30分 | ／100 |

1 **リスニング** 拓とメアリーの会話を聞いて，リンダとはだれか，ア～ウの中から一つ選んで書きなさい。 (5点)

(　　　)

ア　拓の姉妹
イ　トムの姉妹
ウ　メアリーの姉妹

2 **語句** 英語は日本語に，日本語は英語にしなさい。 (2点×4＝8)

(1) dangerous (　　　　　)　　(2) parent (　　　　　)

(3) (時間が)早く ＿＿＿ly　　(4) ミュージシャン music＿＿＿

3 **適語補充** 空所に適切な1語を入れて，日本語に合う英文にしなさい。 (完答4点×4＝16)

(1) あなたは毎朝何時に起きますか。

What time do you ＿＿＿＿＿ ＿＿＿＿＿ every morning?

(2) 私たちは毎日学校に行きます。

We ＿＿＿＿＿ ＿＿＿＿＿ ＿＿＿＿＿ every day.

(3) まさか[そんなばかな]!

No ＿＿＿＿＿!

(4) ダニエルはじょうずなバスケットボールの選手だよね。

Daniel is a good basketball player, ＿＿＿＿＿ ＿＿＿＿＿.

4 **適語補充** 次の会話が成り立つように，＿＿に適切な1語を入れなさい。 (4点×4＝16)

(1) *A* : Do you study English every day?

*B* : Yes, I do. I like ＿＿＿＿＿ very much. ➲1

(2) *A* : My grandmother lives in our town.

*B* : That's good. Do you often visit ＿＿＿＿＿? ➲1

(3) *A* : Why do you like baseball games?

*B* : ＿＿＿＿＿ it's exciting. ➲2

(4) *A* : Is this Ken's bike?

*B* : No, it isn't ＿＿＿＿＿. It's Daniel's. ➲1

**5** **整序** 日本語に合う英文になるように，(　　)内の語を並べかえて全文を書きなさい。

(7点×3＝21)

(1) あなたのお母さんは私を知っていますか。( your / me / mother / does / know )? ➡1

______________________________

(2) あなたはなぜ夕食を作るのですか。( do / dinner / why / you / cook )? ➡2

______________________________

(3) ((2)の答えとして)母が忙しいからです。

( my / is / because / busy / mother ). ➡2

______________________________

**6** **英語で表現** 次の場合どう言うか。英語で書きなさい。ただし(　　)内の語を使うこと。

(8点×2＝16)

(1) 相手に，なぜスペインに行きたいのかたずねる場合（Spain） ➡2

______________________________

(2) 相手に，この学校は私たちのものだと紹介する場合（school） ➡1

______________________________

**7** **読解** 次の会話文を読んで，あとの問いに答えなさい。 〔計18点〕

*Emily:* Look at this boy. He lives in Kenya.
*Ken:* Who is he?
*Emily:* He's Jackson. We can see him in a movie.
*Ken:* Tell ①me about ②him.
*Emily:* Every morning he runs and walks 15 kilometers to school. It takes two hours.

(1) 下線部①，②が指す人物を英語で答えなさい。 (2点×2＝4)

①__________ ②__________

(2) ジャクソンの家から学校までの距離と，通学にかかる時間をそれぞれ英語で答えなさい。ただし，数字も英語のつづりで書くこと。 (完答2点×2＝4)

距離：__________ __________ 時間：__________ __________

(3) 本文の内容に合うように，次の問いに(　　)内の語数の英語で答えなさい。(完答5点×2＝10)

(a) Where does Jackson live?（4語）

— __________ __________ __________ __________.

(b) Does Jackson run and walk to school every morning?（3語）

— __________, __________ __________.

PROGRAM 6

# まとめテスト　第2回

教科書 pp.69 ～ 75

| 目標時間 | 得点 |
| --- | --- |
| 30分 | ／100 |

**1** **リスニング** サムと真理の会話を聞いて，内容に合う絵を，ア～ウの中から一つ選んで書きなさい。 (5点)

ア 

イ 

ウ 

(　　　)

**2** **語句** 英語は日本語に，日本語は英語にしなさい。 (2点×6＝12)

(1) athlete (　　　　　　)　　(2) everybody (　　　　　　)

(3) beyond (　　　　　　)　　(4) ～を超えて acro __ __

(5) 時間，時刻 h __ __ __　　(6) 映画 mo __ __ __

**3** **適文選択** 次の会話について，(　　)に入れるのに最も適切なものを下のア～エの中から一つ選んで書きなさい。 (8点×2＝16)

(1) *Girl :* Are you and Taichi classmates? ➡1

*Boy :* (　　　　　) But I go to school with him every morning.

ア Yes, they are.　　イ Yes, he is.

ウ No, they aren't.　　エ No, we aren't.

(2) *Girl :* (　　　　　) ➡2

*Boy :* Because I study English there.

ア Which library do you use?　　イ Why do you go to the library?

ウ Where do you do your homework?　　エ What do you do at the library?

**4** **適語補充** 次の英文の下線部を代名詞に変えて____に書き，意味の通る英文にしなさい。 ➡1

(4点×5＝20)

(1) My sister is a high school student. ____________ favorite sport is tennis.

(2) Sue has a brother. I like ____________.

(3) Look at this flower. Do you know ____________ name?

(4) My uncle is a writer. This book is ____________.

(5) Aki and I are good friends. ____________ play tennis together.

**5** **整序** 日本語に合う英文になるように，(　　)内の語を並べかえて全文を書きなさい。

(6点×3＝18)

(1) あのかばんは彼女のものです。( that / hers / is / bag ). ➡1

_______________________________________________

(2) あなたはなぜ毎朝早く起きるのですか。 ➡2

( do / up / you / early / why / get ) every morning?

_______________________________________________

(3) ((2)の答えとして) 授業の前にテニスを練習するからです。 ➡2

( before / practice / because / I / tennis ) classes.

_______________________________________________

**6** **英語で表現** 次の場合どう言うか。英語で書きなさい。ただし(　　)内の語句を使うこと。

(8点×2＝16)

(1) あるダンスグループが大好きだと言う相手に，彼らについて自分に話してくれるようにたのむ場合（tell） ➡1

_______________________________________________

(2) 日本料理が好きだと言う外国人留学生に，その理由をたずねる場合（Japanese food） ➡2

_______________________________________________

**7** **読解** 次の会話文を読んで，あとの問いに答えなさい。 〔計13点〕

*Ken:* The savanna is amazing.
*Emily:* It's a dangerous place too, you know.
*Ken:* Why is it dangerous?
*Emily:* Because elephants sometimes attack school children.
*Ken:* No way! Are Jackson and his sister safe?
*Emily:* No. So their parents pray for their safety.

(1) 本文の内容に合う英文になるように，____に適する語を本文から抜き出して書きなさい。 (3点×2＝6)

The savanna is an (a) ____________ place. But elephants sometimes attack school children, so it is a (b) ____________ place too.

(2) 学校に通う子どもたちの親はなぜ彼らの安全のために祈るのですか。日本語で理由を書きなさい。 (7点)

(　　　　　　　　　　　　　　　　　　　　　　　　　　　　　　　)

Power-Up 3・4

# 道案内をしよう①(駅ビル)・店内放送を聞こう　教科書 pp.76 ～ 78

## Word Web ④

### 1　道案内の表現

① Excuse me, but where is the burger shop?

（すみませんが，ハンバーガーショップはどこですか。）

☑ 場所をたずねるときは，Where is ～? で表します。

② Turn right, and you can see the convenience store.

（右に曲がってください，そうすればコンビニエンスストアが見えます。）

☑ 道順を説明するときの表現

Take ～ and go up［down］to .... （～に乗って，…まで上がって［下がって］ください。）

Turn right［left］. （右［左］に曲がってください。）

You can see ～. （～が見えます。）

It's［It is］next to ～. （それは～の隣です。）

**Check** 次の日本語に合うように，空所に適する語を書きなさい。

(1) 郵便局はどこですか。

______ ______ the post office?

★「～はどこですか。」は Where is ～? で表す。

(2) エスカレーターに乗って，２階に上がってください。

______ the escalator and go ______ to the ______ floor.

★「(乗り物に)乗る」は take で表す。「～へ上がっていく」＝ go up to ～，「２階」＝ the second floor

(3) ハンバーガーショップはコンビニエンスストアの隣にあります。

The burger shop is ______ ______ the convenience store.

★「～の隣に」＝ next to ～

(4) 左へ曲がってください，そうすればデパートが見えます。

Turn ______, and you ______ ______ a department store.

★「～へ曲がる」＝ turn ～，「左へ」＝ left

(5) まっすぐ行って，花屋を右に曲がってください。

Go straight and ______ ______ at the flower shop.

★「右へ」＝ right

(6) エレベーターに乗って，１階に降りてください。

______ the elevator and go ______ to the ______ floor.

★「～に降りていく」＝ go down to ～，「１階」＝ the first floor

## 2 順番・日付の言い方

**What's the date today?**（今日は何月何日ですか。）

**— It's October 11 [eleventh].**（10月11日です。）

☑ date は「日付」という意味で，「今日の日付は何ですか。」とたずねています。

☑ 月日は〈月の名前＋数字〉で表します。月の名前は，つねに最初の文字を大文字で書きます。

☑ 数字は「何番目の日」かを表し，順番の言い方で言います。

・1，2，3 は first, second, third。

・4 以降は基本的に数字のあとに -th をつける。例外のつづりに注意。

fourth　fifth　sixth　seventh　eighth　ninth　tenth　eleventh　twelfth …

・-ty で終わる数字は y を i に変えて -eth をつける。twentieth　thirtieth

・1 の位があるときは〈10 の位（ふつうの数字）＋ 1 の位（順番を表す数字）〉で表す。

twenty-sixth　thirty-first

October 11 と数字で書いてあっても，eleven ではなくて eleventh と読むことに注意しよう。

**Check** 次の日本語に合うように，空所に適する語を書きなさい。ただし，数字も英語のつづりで書くこと。

(1) 私たちは5月25日に大事な試合があります。

We have an important game on ＿＿＿＿＿ ＿＿＿＿＿.

★「5月」＝May，「25日」＝twenty-fifth　日付は順番の言い方で表す。

(2) 書店は3階にあります。

The bookstore is on the ＿＿＿＿＿ floor.

★「3階」＝the third floor　建物の階数は順番を表す数字を使う。

📖(3) あなたの誕生日はいつですか。— 10月11日です。

When is your birthday? — It's ＿＿＿＿＿ ＿＿＿＿＿.

★「10月」＝October，「11日」＝eleventh　日付は順番の言い方で表す。

(4) 1年の9番目の月は9月です。

The ＿＿＿＿＿ month of the year is ＿＿＿＿＿.

★「9番目」＝ninth，「9月」＝September

(5) 私たちの町では，3月20日にお祭りがあります。

We have a festival on ＿＿＿＿＿ ＿＿＿＿＿ in our town.

★「3月」＝March，「20日」＝twentieth

(6) 彼らは修学旅行の2日目に京都に行きます。

They go to Kyoto on the ＿＿＿＿＿ day of the school trip.

★「2日目」は順番の言い方 second で表す。

# まとめテスト　第1回

## Word Web ④

教科書 pp.76 ～ 78

| 目標時間 | 得点 |
| --- | --- |
| 30分 | ／100 |

**1** **リスニング** 駅ビルのインフォメーションセンターで，外国の人が場所をたずねています。会話を聞いて，次の問いに日本語で答えなさい。 (3点×2＝6)

(1) 外国の人はどこに行きたいのですか。(　　　　　　　　　　)

(2) どのようにしてそこへ行けばよいですか。

(　　　　　　　　　　　　　　　　　　　　)

**2** **語句** 英語は日本語に，日本語は英語にしなさい。 (2点×4＝8)

(1) information (　　　　　)　　(2) easily (　　　　　)

(3) 今　n＿ ＿　　(4) 壁　w＿ ＿ l

**3** **適語補充** 空所に適切な1語を入れて，日本語に合う英文にしなさい。 (完答4点×4＝16)

(1) ありがとうございます。— どういたしまして。

Thank you. — ＿＿＿＿ ＿＿＿＿.

(2) ハンバーガーショップは花屋の隣にあります。

The burger shop is ＿＿＿＿ ＿＿＿＿ the flower shop.

(3) テレビのスイッチを入れてください。

＿＿＿＿ ＿＿＿＿ the TV, please.

(4) すみませんが，窓をあけてもいいですか。

＿＿＿＿ ＿＿＿＿, but can I open the window?

**4** **適語選択** エミリーは，図の★のところで男性に道をたずねています。＿＿に適する語を□から選んで会話文を完成しなさい。 ➡1 (4点×4＝16)

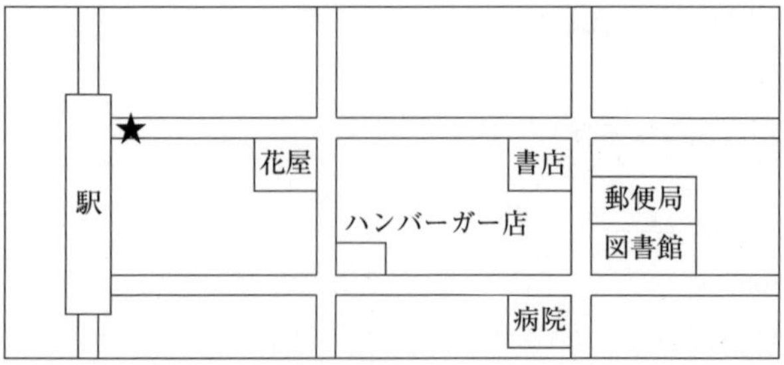


| | |
| --- | --- |
| right | left |
| station | flower shop |
| post office | bookstore |
| burger shop | |

*Emily :* Where is the library?

*Man :* We are here at the (1) ＿＿＿＿. Go down this street and turn (2) ＿＿＿＿ at the (3) ＿＿＿＿. You can see the library next to the (4) ＿＿＿＿.

**5** **整序** 日本語に合う英文になるように，(　　)内の語句や符号を並べかえて全文を書きなさい。 (7点×3＝21)

(1) 私の家はお寺のそばにあります。( the temple / is / house / my / by ). ➡1

＿＿＿＿＿＿＿＿＿＿＿＿＿＿＿＿＿＿＿＿＿＿＿＿＿＿＿＿＿＿

(2) 11月6日に音楽祭があります。( have / sixth / a / on / music festival / we / November). ➡2

＿＿＿＿＿＿＿＿＿＿＿＿＿＿＿＿＿＿＿＿＿＿＿＿＿＿＿＿＿＿

(3) 右に曲がってください，そうすればレストランが見えます。 ➡1

( turn / can / the restaurant / you / and / right / see / , ).

＿＿＿＿＿＿＿＿＿＿＿＿＿＿＿＿＿＿＿＿＿＿＿＿＿＿＿＿＿＿

**6** **英語で表現** 次の場合どう言うか。英語で書きなさい。ただし(　　)内の語を使い，数字も英語のつづりで書くこと。 (8点×2＝16)

(1) コーヒーショップの場所をたずねてきた相手に，3階にあると答える場合（it，floor） ➡1

＿＿＿＿＿＿＿＿＿＿＿＿＿＿＿＿＿＿＿＿＿＿＿＿＿＿＿＿＿＿

(2) 今日の日付をたずねてきた相手に，8月12日だと答える場合（it） ➡2

＿＿＿＿＿＿＿＿＿＿＿＿＿＿＿＿＿＿＿＿＿＿＿＿＿＿＿＿＿＿

**7** **読解** 次の会話文を読んで，あとの問いに答えなさい。 〔計17点〕

*John:* Excuse me, but where is the burger shop?
*Staff:* You are here, at the information center. Take the escalator and go up to the second floor.
*John:* OK.
*Staff:* Turn right, and you can see the convenience store.
*John:* I see.
*Staff:* The burger shop is next to the convenience store.

(1) 本文の内容に合うように，次の問いに英語で答えなさい。 (5点)

Where is John now? — ＿＿＿＿＿＿＿＿＿＿＿＿＿＿＿＿＿＿＿＿

(2) スタッフがジョンに道案内した内容に合うものは○を，合わないものには×を書きなさい。 (3点×4＝12)

(a) ハンバーガーショップは3階にある。 (　　)

(b) スタッフはエスカレーターを使うように案内している。 (　　)

(c) エスカレーターを降りたら，右に曲がる。 (　　)

(d) ハンバーガーショップはコンビニエンスストアの向かいにある。 (　　)

Power-Up 3•4

# まとめテスト　第2回

## Word Web ④

教科書 pp.76 ～ 78

| 目標時間 | 得点 |
| --- | --- |
| 30分 | ／100 |

**1** リスニング　サムと真紀の会話を聞いて，それぞれの誕生日を書きなさい。(各完答4点×2＝8)

(1) サムの誕生日　(　　　) 月 (　　　) 日

(2) 真紀の誕生日　(　　　) 月 (　　　) 日

**2** 語句　英語は日本語に，日本語は英語にしなさい。(2点×6＝12)

(1) instant　(　　　　　)　(2) camera　(　　　　　)

(3) excuse　(　　　　　)　(4) 分かち合う　＿＿＿re

(5) 逃す　mi＿＿　(6) 階　f＿＿＿r

**3** 適語選択　エミリーと健は，健の家の前にいます。2つの(　　)に共通して入れるのに最も適切なものを下のア～エの中から一つ選んで書きなさい。➲ 1 (7点)

*Emily* : Do you know the way to the (　　　)?

*Ken* : Yes, I do. Let's go straight and turn left at the bookstore. We can see the (　　　) *on our right.

*Emily* : OK. Let's go.

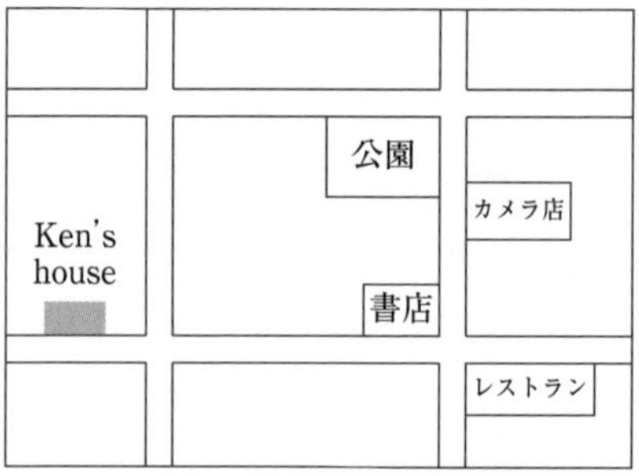


ア park　イ restaurant

ウ camera shop　エ bookstore

(注) on ～ 's right：～の右手に

**4** 適語補充　図の★のところで女の子がスタッフに道をたずねています。＿＿に適する語を書きなさい。ただし，数字も英語のつづりで書くこと。➲ 1 (5点×3＝15)

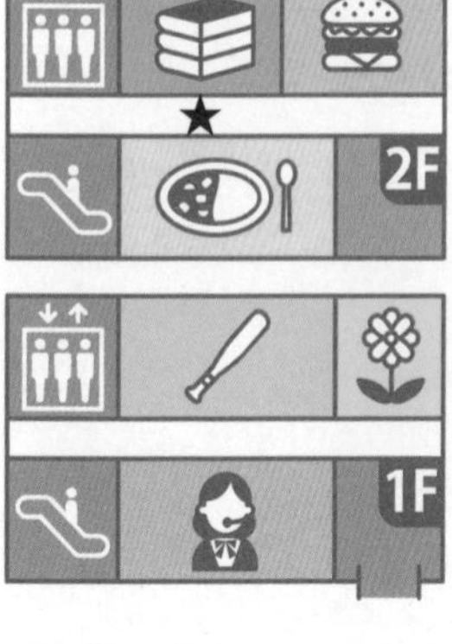


*Girl* : Excuse me, but where is the flower shop?

*Staff* : Take the elevator and go down to the (1) ＿＿＿＿＿ floor.

*Girl* : OK.

*Staff* : Turn (2) ＿＿＿＿＿, and you can see the (3) ＿＿＿＿＿ ＿＿＿＿＿.

*Girl* : I see.

*Staff* : The flower shop is next to it.

**5** **整序** 日本語に合う英文になるように，(　　)内の語句を並べかえて全文を書きなさい。

(7点×3＝21)

(1) 郵便局で左に曲がってください。( post office / at / left / turn / the ). ➡1

______________________________

(2) 私たちの学校は公園の隣にあります。( to / school / the park / is / next / our ). ➡1

______________________________

(3) 今日は何月何日ですか。( date / today / the / what's )? ➡2

______________________________

**6** **英語で表現** 次の場合どう言うか。英語で書きなさい。ただし(　　)内の語句を使うこと。
また，数字も英語のつづりで書くこと。 (9点×2＝18)

(1) 相手に動物園の場所をたずねる場合 (the zoo) ➡1

______________________________

(2) 自分の誕生日は6月8日だと相手に伝える場合 (birthday) ➡2

______________________________

**7** **読解** 次の会話文を読んで，あとの問いに答えなさい。 〔計19点〕

| | |
|---|---|
| *John:* | Excuse me, but where are <u>the restaurants</u>? |
| *Woman:* | They are on the ninth floor. |
| *John:* | I see. |
| *Woman:* | We are on the fifth floor. Take the elevator, and go up to the ninth floor. |
| *John:* | Thank you very much. |
| *Woman:* | [　　　] |

(1) ジョンは，どのようにして下線部の場所に行くように女性から教えてもらいましたか。
日本語で書きなさい。 (8点)

(　　　　　　　　　　　　　　　　)

(2) 本文の内容に合うように，次の問いに6語の英語で答えなさい。 (完答6点)

What floor is John on?

— ______ ______ ______ ______ ______ ______.

(3) [　　] に入る適切な文を，ア～ウから選びなさい。 (5点)

ア Here you are.　イ That's right.　ウ You're welcome. (　　)

# 定期テスト予想問題３　第１回

教科書 pp.61 ～ 78

PROGRAM 5 ～ Word Web ④

| 目標時間 | 得点 |
| --- | --- |
| 30分 | ／100 |

1 **リスニング** 次の各問いに答えなさい。

(1) イラストを参考にしながら会話と応答を聞き，最も適切な応答をア～ウの中から一つ選んで書きなさい。 (8点×3＝24)

(a) (　　　　)　(b) (　　　　)　(c) (　　　　)

(2) 英文と質問を聞き，その答えとして最も適切なものをア～エの中から一つ選びなさい。 (8点)

ア She studies art.　イ She speaks English.

ウ She lives in London.　エ She takes pictures.　(　　　)

2 **適語補充** 空所に適切な１語を入れて，日本語に合う英文にしなさい。 (完答4点×2＝8)

(1) 武史はお父さんを誇りに思っています。

Takeshi ＿＿＿＿＿ ＿＿＿＿＿ ＿＿＿＿＿ his father.

(2) 私は毎朝その公園を走ります。

I run in the park ＿＿＿＿＿ ＿＿＿＿＿.

3 **適文選択** 次の会話について，(　　)に入れるのに最も適切なものを下のア～エの中から一つ選んで書きなさい。 (8点×2＝16)

(1) *Girl :* Are these balls theirs? ➡P6 1

*Boy :* (　　　　) The boys practice soccer here on Saturday.

ア Yes, they're balls.　イ Yes, it is.

ウ Yes, they are.　エ Yes, they do.

(2) *Woman :* Excuse me, but where is the library?

*Man :* Go straight and turn right at the coffee shop. You can see the library. ➡PU3・4 1

*Woman :* (　　　　) Thank you very much.

ア Have a good time.　イ I got it.

ウ I'm sorry.　エ That's right.

4 **英語で表現** 久美になったつもりでボブの質問に4語以上の英語で書きなさい。 ➲P5 1 2

（10点）

---

5 **読解** 次の会話文を読んで，あとの問いに答えなさい。 〔計34点〕

*Mao:* That's my grandpa.
*Daniel:* Oh, he ①（ watch ）students, right?
*Mao:* Yes. He stands on the street every day.
*Daniel:* ②<u>Every day?</u>
*Mao:* ③<u>Ah, he（　　　）stand on weekends.</u>
*Daniel:* I see. We have ④<u>the same job in the U.S.</u>
*Mao:* Really?
*Daniel:* Yes, but some students watch other students. They're the Junior Safety Patrol.

(1) ①の（　　）内の語を正しい形にしなさい。 （4点）

＿＿＿＿＿＿

(2) 省略されている6語を補って，下線部②を書きかえなさい。 （完答6点）

＿＿＿＿ ＿＿＿＿ ＿＿＿＿ ＿＿＿＿ ＿＿＿＿ ＿＿＿＿ every day?

(3) 下線部③が「ああ，彼は週末は立ちません」という意味になるように，（　　）に適切な語を入れなさい。 （4点）

Ah, he ＿＿＿＿＿＿ stand on weekends.

(4) 下線部④の名称と仕事内容について日本語で答えなさい。 （7点×2＝14）

・名　　称（　　　　　　　　　　　　　　　　　　　　　）

・仕事内容（　　　　　　　　　　　　　　　　　　　　　）

(5) 本文の内容に合うように，次の問いに3語の英語で答えなさい。 （完答6点）

Does Mao's grandpa watch students on the street?

— ＿＿＿＿＿＿, ＿＿＿＿＿＿ ＿＿＿＿＿＿.

# 定期テスト予想問題3　第2回

PROGRAM 5 ～ Word Web ④

教科書 pp.61 ～ 78

| 目標時間 | 得点 |
| --- | --- |
| 30分 | ／100 |

**1** リスニング　次の各問いに答えなさい。

(1) イラストを参考にしながら会話と応答を聞き，最も適切な応答をア～ウの中から一つ選んで書きなさい。　(7点×3＝21)

(a) (　　　　)　(b) (　　　　)　(c) (　　　　)

(2) 英文と質問を聞き，その答えとして最も適切なものをア～エの中から一つ選びなさい。　(7点)

ア　On weekends.　イ　On Wednesday.

ウ　At the swimming school.　エ　On the mountain.　(　　　)

**2** 適語補充　空所に適切な1語を入れて，日本語に合う英文にしなさい。　(完答4点×3＝12)

(1) すみませんが，スミスさんですか。

________ ________, but are you Mr. Smith?

(2) 彼女の歌はいいですよね。

Her songs are nice, ________ ________.

(3) 上着をぬいでもいいですか。

Can I ________ ________ my jacket?

**3** 適文選択　次の会話について，(　　)に入れるのに最も適切なものを下のア～エの中から一つ選んで書きなさい。　(8点×2＝16)

(1) *Girl :* Daniel loves Ayumi, right?  Does he often go to her concert?　➡P5 2

*Boy :* (　　　　)

ア　He enjoys it in fall.　イ　He doesn't know about her.

ウ　Yes, he enjoys it very much.　エ　No, he doesn't sing well.

(2) *Girl :* Naomi plays tennis very well.  She's my favorite player.  How about you?　➡P6 1

*Boy :* (　　　　)

ア　My favorite sport is tennis.　イ　I can't play tennis well like her.

ウ　She has many fans.　エ　I like her too.

4 **英語で表現** 翔になったつもりでアンの質問に５語以上の英語で書きなさい。 ➡P6 2

（10点）

5 **読解** 次の会話文を読んで，あとの問いに答えなさい。 〔計34点〕

*Emily:* Look at this boy. He lives in Kenya.
*Ken:* ( ① )
*Emily:* He's Jackson. We can see ( ② ) in a movie.
*Ken:* Tell me about ( ② ).
*Emily:* Every morning he runs and walks ③<u>15</u> kilometers to school. It takes two hours.
*Ken:* Wow!
*Emily:* ④<u>He goes to school with his sister.</u>
*Ken:* I can see giraffes beyond them.
*Emily:* He walks across the savanna with ( ⑤ ).

(1) ( ① )に入る最も適切な英文を，ア～エから選びなさい。 (5点)

ア What's that?　イ Where is he?　ウ Who is he?　エ Which boy is he?

( )

(2) ( ② )，( ⑤ )に入る語をア～エから１つずつ選びなさい。ただし，２つの ( ② )には同じ語が入ります。 (4点×2=8)

ア she　イ her　ウ his　エ him　② ( ) ⑤ ( )

(3) 下線部③の数字を英語のつづりで書きなさい。 (4点)

__________

(4) 下線部④を疑問文に書きかえなさい。 (5点)

__________

(5) 本文の内容に合うように，次の問いに英語で答えなさい。 (完答6点×2=12)

(a) Does it take two hours from Jackson's house to school?

— ______, ______ ______.

(b) What can Ken see beyond Jackson and his sister in a movie?

— ______ ______ ______ ______.

PROGRAM 7

# Research on Australia

教科書 pp.79 ～ 94

Steps 3 / Steps 4 / Word Web ⑤ / Our Project ② / Power-Up 5

## 1 There is [are] ～. の肯定文・否定文・疑問文

① There is a park in my town. (私の町には公園が1つあります。)

There are three parks in my town. (私の町には公園が3つあります。)

☑「～があります[います]。」と，初めて話題にするものや人の存在を言うときは，There is[are] ～. を使って表します。

☑ be 動詞のあとにくる名詞が単数なら is，複数なら are を使います。

② There are not any department stores in my town.

(私の町にはデパートが1つもありません。)

☑ 否定文は be 動詞のうしろに not を置きます。

③ Are there any parks in your town?

(あなたの町にはいくつか公園がありますか。)

— Yes, there are. / No, there aren't.

(はい，あります。/ いいえ，ありません。)

☑ 疑問文は be 動詞を there の前に出します。

☑ 答えの文も there と be 動詞を使って答えます。

相手がすでに知っているものや人などについては，There is[are] ～. で言うことはふつうはないよ。
○ Your bag is on the chair.
× There is your bag on the chair.

✓Check 次の日本語に合うように，空所に適する語を書きなさい。

(1) シドニーには有名な場所があります。

______ ______ a famous place in Sydney.

★「～は…にある。」は〈There is[are] ～＋場所を表す語句.〉で表す。名詞(a famous place)が単数なので，be 動詞は is。

(2) 机の上に3冊のノートがあります。

______ ______ three notebooks ______ the desk.

★名詞(three notebooks)が複数なので，There are ～. の文。「～の上に」＝ on ～

(3) この近くに美術館がありますか。— いいえ，ありません。

______ ______ a museum ______ here? — No, ______ ______.

★名詞(a museum)が単数なので，Is there ～? の文。〈No, there＋be 動詞＋not.〉で答える。

(4) 体育館に何人かの生徒がいますか。— はい，います。

______ ______ any students ______ the gym? — Yes, ______ ______.

★名詞(any students)が複数なので，Are there ～? の文。〈Yes, there＋be 動詞 .〉で答える。

## 2 How ～?

**How can we go there?**（私たちはどうやったらそこに行けますか。）

**— By bus.**（バスで行けます。）

☑「どのように～しますか。」と手段・方法をたずねるときには how を使い，文頭に置きます。うしろに疑問文の形を続けます。

☑ 交通手段は〈by＋乗り物名〉で表します。

✓Check　次の日本語に合うように，空所に適する語を書きなさい。

(1)　私たちはどうやったら遊園地へ行けますか。— 電車で行けます。

________ can we go to the amusement park? — ________ train.

★「どのように」（手段）は How を文頭に置く。交通手段は〈by＋乗り物名〉で表す。

📖(2)　サンタクロースはどうやって来ますか。— ジェットスキーかサーフボードに乗ってきます。

________ does Santa Claus come? — ________ jet ski or on a surfboard.

★「どのように」（手段）は How を文頭に置く。交通手段は〈by＋乗り物名〉で表す。

## 3 疑問詞のまとめ

**How many pens do you have?**（あなたは何本のペンを持っていますか。）

**— I have five pens.**（5本のペンを持っています。）

☑ what や who，when，where などは疑問詞と言い，必ず文頭に置きます。

☑ 疑問詞で始まる疑問文には Yes / No ではなく，疑問詞が表す意味について具体的な内容を答えます。

✓Check　次の日本語に合うように，空所に適する語を書きなさい。

(1)　あなたは朝食に何を食べますか。

________ do you eat for breakfast?

★「何」は What を文頭に置く。

📖(2)　だれが音楽が好きですか。— ダニエルです。

________ likes music? — Daniel ________.

★「だれ」は Who を文頭に置く。主語をたずねる疑問文に likes（一般動詞）があるので，〈主語＋does.〉で答える。

(3)　ポールはいつ日本語を勉強しますか。

________ does Paul study Japanese?

★「いつ」は When を文頭に置く。

PROGRAM 7

# まとめテスト　第1回

教科書 pp.79 ～ 94

| 目標時間 | 得点 |
| --- | --- |
| 30分 | ／100 |

Steps 3 / Steps 4 / Word Web ⑤ / Our Project ② / Power-Up 5

**1** **リスニング** 純とアンの会話を聞いて，質問に対する答えを日本語で書きなさい。 (5点)

質問：純はなぜ朝日町が好きなのですか。

(　　　　　　　　　　　　　　　　　　　　　　　　　　　　　　　　)

**2** **語句** 英語は日本語に，日本語は英語にしなさい。 (2点×6＝12)

(1) those (　　　　　　)　　(2) someday (　　　　　　)

(3) far (　　　　　　)　　(4) 研究 res __ __ __ ch

(5) 電車 tr __ __ n　　(6) 言語，言葉 lan __ __ age

**3** **適語補充** 空所に適切な1語を入れて，日本語に合う英文にしなさい。 (完答4点×5＝20)

(1) 向こうにいるあの男の子を見て。

Look at that boy __________ __________.

(2) あなたはここで，たくさんの種類の動物を見ることができます。

You can see many __________ __________ animals.

(3) 今日は少し寒いです。

It's __________ __________ cold today.

(4) 私は夏に家族といっしょに沖縄に行きます。— 楽しそうですね。

I go to Okinawa with my family in summer. — __________ __________.

(5) 私は何か新しいことを学びたいです。

I want to learn __________ __________.

**4** **適語選択** (　　)内から適切な語句を選び，○で囲みなさい。 (3点×5＝15)

(1) There (is, are) five balls in the box. ➡1

(2) (Are, Is) there a boy by the window? ➡1

(3) (Which, What, How) do you come to my house? — I walk to your house. ➡2

(4) There (are not, is not) any pictures on the wall. ➡1

(5) (Whose, Where, Why) does Emily listen to music? — In her room. ➡3

**5** **整序** 日本語に合う英文になるように，(　　)内の語句を並べかえて全文を書きなさい。

(5点×3＝15)

(1) この近くに書店がありますか。( bookstore / is / a / here / near / there )? ➡1

______________________________

(2) あなたは毎日何時に起きますか。( get / what / do / up / time / you ) every day? ➡3

______________________________

(3) 公園には何人の子どもがいますか。

( the park / many / are / how / children / in / there )? ➡1 3

______________________________

**6** **英語で表現** 次の場合どう言うか。英語で書きなさい。ただし(　　)内の語句を使うこと。

(7点×2＝14)

(1) 相手にどうやって学校に通っているかをたずねる場合（go） ➡2

______________________________

(2) 相手に，この図書館にはたくさんの本があると伝える場合（this library） ➡1

______________________________

**7** **読解** 次の会話文を読んで，あとの問いに答えなさい。 〔計19点〕

*Emily:* You like World Heritage Sites, right?
*Ken:* Yes.
*Emily:* <u>In Australia, there are many sites.</u>
*Ken:* Really? For example?
*Emily:* There is a famous place in Sydney. Here it is. It's the Opera House.
*Ken:* Wow! It's so beautiful.
*Emily:* We also have the Great Barrier Reef.
*Ken:* I want to see it.

(1) 下線部の具体的な例としてあげられたものを英語で2つ書きなさい。 (3点×2＝6)

・______________　・______________

(2) 本文の内容に合うように，次の問いに英語で答えなさい。 (5点)

What does Ken want to see? — ______________

(3) 本文の内容に合うものには○を，合わないものには×を書きなさい。 (4点×2＝8)

(a) Ken doesn't know about World Heritage Sites. (　　)

(b) The Opera House is in Sydney. (　　)

PROGRAM 7

# まとめテスト　第2回

教科書 pp.79 ~ 94

| 目標時間 | 得点 |
| --- | --- |
| 30分 | ／100 |

Steps 3 / Steps 4 / Word Web ⑤ / Our Project ② / Power-Up 5

**1** リスニング　サムと久美の会話を聞いて，それぞれの学校に来る手段を書きなさい。

(4点×2＝8)

(1) サムの学校にくる手段　(　　　　　　　　)

(2) 久美の学校にくる手段　(　　　　　　　　)

**2** 語句　英語は日本語に，日本語は英語にしなさい。　(2点×6＝12)

(1) bridge　(　　　　　　)　(2) speech　(　　　　　　)

(3) outside　(　　　　　　)　(4) 生活，人生　li＿＿

(5) 飛行機　p＿＿ne　(6) 田舎，郊外，国　c＿＿＿try

**3** 適語補充　空所に適切な1語を入れて，日本語に合う英文にしなさい。　(完答4点×4＝16)

(1) たくさんの子どもたちがこの公園に来ます。

＿＿＿＿＿ ＿＿＿＿＿ ＿＿＿＿＿ children come to this park.

(2) 私はたとえばパンダやコアラのような動物が好きです。

I like animals, ＿＿＿＿＿ ＿＿＿＿＿, pandas and koalas.

(3) 私の消しゴムはどこでしょう。— ここにあります。

Where is my eraser? — ＿＿＿＿＿ ＿＿＿＿＿ is.

(4) この市を案内してください。

Please ＿＿＿＿＿ me ＿＿＿＿＿ this city.

**4** 書きかえ　次の文を(　　)内の指示にしたがって書きかえなさい。　(5点×4＝20)

(1) Is there a temple in this town?（この文に No で答えて）　➡1

＿＿＿＿＿＿＿＿＿＿＿＿＿＿＿＿＿＿＿＿＿＿＿＿＿＿＿＿＿＿

(2) That man is <u>Akira</u>.（下線部をたずねる文に）　➡3

＿＿＿＿＿＿＿＿＿＿＿＿＿＿＿＿＿＿＿＿＿＿＿＿＿＿＿＿＿＿

(3) How can we go to the museum?（この文に「電車で」と答えて）　➡2

＿＿＿＿＿＿＿＿＿＿＿＿＿＿＿＿＿＿＿＿＿＿＿＿＿＿＿＿＿＿

(4) There are <u>two</u> dogs under the bed.（下線部をたずねる文に）　➡3

＿＿＿＿＿＿＿＿＿＿＿＿＿＿＿＿＿＿＿＿＿＿＿＿＿＿＿＿＿＿

**5** **整序** 日本語に合う英文になるように，(　　)内の語句や符号を並べかえて全文を書きなさい。 (6点×3＝18)

(1) ダニエルはどこで夕食を食べますか。( does / Daniel / dinner / where / have )? ➡ 3

______________________________

(2) 机の上には本が1冊もありません。( any / there / the desk / aren't / books / on ). ➡ 1

______________________________

(3) これとあれとではどちらのネコが真央のものですか。 ➡ 3

( this one / which / or / Mao's / is / cat / , ) that one?

______________________________

**6** **英語で表現** 次の場合どう言うか。英語で書きなさい。ただし(　　)内の語句を使うこと。 (7点×2＝14)

(1) 離れたところにあるコンピュータがだれのものかをたずねる場合 (computer) ➡ 3

______________________________

(2) 相手に，この町に大きな公園があるかどうかをたずねる場合 (a big park, town) ➡ 1

______________________________

**7** **読解** 次の会話文を読んで，あとの問いに答えなさい。 〔計12点〕

*Mao:* It's summer in Australia now.
*Ken:* What do you do in summer, Emily?
*Emily:* I go to the beach and have a barbecue.
*Ken:* Sounds fun.
*Emily:* I also have a Christmas party on the beach.
*Mao:* (　　) does Santa Claus come?
*Emily:* By jet ski or on a surfboard.

(1) エミリーはオーストラリアの浜辺で夏に何をしますか。日本語で2つ書きなさい。 (完答6点)

(　　　　　　　　) と (　　　　　　　　) をする。

(2) 本文の内容に合うように，次の問いに英語2語で答えなさい。 (完答3点)

What season is it in Australia now? — ________ ________.

(3) (　　) に入る適切な語を，下のア～エから選びなさい。 (3点)

ア What　イ Where　ウ When　エ How (　　)

# PROGRAM 8 The Year-End Events

教科書 pp.95～102

## Steps 5

### 1 現在進行形の肯定文・否定文

① **I'm studying now.**（私は今，勉強しているところです。）

☑「(今)～している。」と，進行中の動作を表すときは，〈be 動詞(am，are，is)＋動詞の -ing 形〉で表します。この形を現在進行形と言います。

☑ be 動詞は主語に合わせて形が変わります。

☑ 動詞の -ing 形の作り方

①そのまま -ing をつける。　例 go → going，try → trying

②語尾の e をとって -ing をつける。　例 come → coming，make → making

③語尾の子音字を重ねて -ing をつける。

例 run → running，sit → sitting，swim → swimming

② **I'm not doing anything now.**（私は今は何もしていません。）

☑ 否定文は be 動詞のうしろに not を置きます。

**Check** 次の日本語に合うように，空所に適する語を書きなさい。

(1) 彼らは今，サッカーをしているところです。

They ________ ________ soccer now.

★進行中の動作は〈be 動詞＋動詞の -ing 形〉で表す。主語が They なので be 動詞は are。play はそのまま -ing をつける。

📖(2) 私は今，浴室をそうじしているところです。

________ ________ the bathroom now.

★主語が I なので be 動詞は am。clean はそのまま -ing をつける。空所の数から I am を短縮形 I'm にする。

(3) 私の母は今，手紙を書いているところです。

My mother ________ ________ a letter now.

★主語が My mother なので be 動詞は is。write は e をとって -ing をつける。

(4) サムは今，走っていません。

Sam ________ ________ ________ now.

★主語が Sam なので be 動詞は is。否定文なので is のうしろに not を置く。run は n を重ねて -ing をつける。

(5) 私は今，そのコンピュータを使っていません。

________ ________ ________ the computer now.

★主語が I なので be 動詞は am。否定文なので am のうしろに not を置く。use は e をとって -ing をつける。

## 2 現在進行形の疑問文

① **Are you really studying, Ben?**

(あなたはほんとうに勉強しているところですか，ベン。)

- ☑ 疑問文は be 動詞を主語の前に出します。
- ☑ 答えるときも be 動詞を使います。
  ここでは Yes, I am. / No, I'm[I am] not. などと答えます。

〈Yes, 主語＋be 動詞.〉または〈No, 主語＋be 動詞＋not.〉で答えるよ。

② **What are you doing?** (あなたは何をしているのですか。)

**— I'm reading an important book.**

(私は大事な本を読んでいるところです。)

- ☑ 何をしているかをたずねる文は，what を文頭に置いて，現在進行形の疑問文の形を続けます。
- ☑ Yes や No で答えずに，何をしているかを具体的に答えます。

**Check** 次の日本語に合うように，空所に適する語を書きなさい。

📖(1) あなたはポテトサラダを作っているところですか。— いいえ，違います。

__________ you __________ potato salad? — No, __________ __________.

★主語が you なので be 動詞は are。make は e をとって -ing をつける。答えの文の主語は I になるので be 動詞は am。

(2) 美希は今，ピアノをひいているところですか。— はい，そうです。

__________ Miki __________ the piano now? — Yes, she __________.

★主語が Miki なので be 動詞は is。play はそのまま -ing をつける。〈Yes, 主語＋be 動詞.〉で答える。

(3) その生徒たちは今，泳いでいるところですか。— はい，そうです。

__________ the students __________ now? — Yes, __________ __________.

★主語が the students なので be 動詞は are。swim は m を重ねて -ing をつける。

(4) その男の子は絵を描いているところですか。— いいえ，違います。

__________ the boy __________ a picture? — No, he __________.

★主語が the boy なので be 動詞は is。draw はそのまま -ing をつける。〈No, 主語＋be 動詞＋not.〉で答える。

(5) あなたは何をしているのですか。

__________ __________ you __________?

★「何」What のうしろに疑問文の形〈be 動詞＋主語＋動詞の -ing 形 ～?〉を続ける。

(6) ((5)の答えとして)私は今，昼食を食べているところです。

__________ __________ lunch now.

★何をしているかを具体的に答える。主語が I なので be 動詞は am。eat はそのまま -ing をつける。

(7) 彼は何を見ているのですか。

__________ __________ he __________ at?

★「何」What のうしろに疑問文の形を続ける。「～を見る」＝ look at ～

PROGRAM 8

# まとめテスト　第1回

Steps 5

教科書 pp.95 ~ 102

| 目標時間 | 得点 |
| --- | --- |
| 30分 | ／100 |

**1** **リスニング** 英語を聞いて，内容に合う絵を，ア～ウの中から一つ選んで書きなさい。（5点）

ア

イ

ウ

（　　　）

**2** **語句** 英語は日本語に，日本語は英語にしなさい。（2点×6＝12）

（1） magazine　（　　　　　）　（2） crane　（　　　　　）

（3） traditional　（　　　　　）　（4） 行事，出来事　e _ _ nt

（5） バイオリン　v _ _ _ in　（6） 待つ　w _ _ t

**3** **適語補充** 空所に適切な1語を入れて，日本語に合う英文にしなさい。（完答4点×4＝16）

（1） テレビを消してもいいですか。

Can I ＿＿＿＿ ＿＿＿＿ the TV?

（2） ダニエルを知っていますか。― もちろん。彼はクラスメートです。

Do you know Daniel? ― ＿＿＿＿ ＿＿＿＿. He's my classmate.

（3） 私はカレーを作っています。― いいですね。待てません。

I'm making curry. ― Good. I ＿＿＿＿ ＿＿＿＿.

（4） 明日買い物に行きませんか。

＿＿＿＿ ＿＿＿＿ we go shopping tomorrow?

**4** **適語選択** （　　）内から適切な語句を選び，○で囲みなさい。（3点×6＝18）

（1） Is she (dance, dances, dancing) now? ➡2

（2） Mao and Miki (do, are, is) playing tennis. ➡1

（3） My mother (walk, walks, is walking) to the park every morning. ➡1

（4） (We're not, We don't) practicing basketball now. ➡1

（5） What (do, does, are, is) you doing? ― I'm singing a song. ➡2

（6） Who is (stand, stands, standing) by the window? ― Sam is. ➡2

**5** **整序** 日本語に合う英文になるように，(　　)内の語句を並べかえて全文を書きなさい。

(6点×3＝18)

(1) 私は今，タレントショーを見ているところではありません。

( talent show / I / a / not / watching / am ) now. →1

＿＿＿＿＿＿＿＿＿＿＿＿＿＿＿＿＿＿＿＿＿＿＿＿＿＿＿＿＿＿

(2) ミラー先生は彼女の生徒たちと話していますか。 →2

( students / is / with / Ms. Miller / talking / her )?

＿＿＿＿＿＿＿＿＿＿＿＿＿＿＿＿＿＿＿＿＿＿＿＿＿＿＿＿＿＿

(3) 父と私は図書館に行っているところです。 →1

( and / are / my father / going / I ) to the library.

＿＿＿＿＿＿＿＿＿＿＿＿＿＿＿＿＿＿＿＿＿＿＿＿＿＿＿＿＿＿

**6** **英語で表現** 次の場合どう言うか。英語で書きなさい。ただし(　　)内の語を使って，必要があれば適切な形にすること。

(8点×2＝16)

(1) 相手に今何を読んでいるところかをたずねる場合（read） →2

＿＿＿＿＿＿＿＿＿＿＿＿＿＿＿＿＿＿＿＿＿＿＿＿＿＿＿＿＿＿

(2) 自分は今，数学を勉強しているところだと言う場合（math） →1

＿＿＿＿＿＿＿＿＿＿＿＿＿＿＿＿＿＿＿＿＿＿＿＿＿＿＿＿＿＿

**7** **読解** 次の会話文を読んで，あとの問いに答えなさい。

〔計15点〕

*Jack:* Hey, Emily. Please help me. Can you come here?
*Emily:* ①Sorry, I can't, Dad. I'm cleaning the bathroom now.
*Jack:* OK. How about you, Mark?
*Mark:* I'm busy. I'm cleaning the living room.
*Emily:* Are you sure? ②You're watching TV. I can hear the sound.
*Mark:* No, I'm not watching TV. I'm wiping the TV set.

(1) 下線部①の発言に省略されている語を補うとき，適切な語句をア～ウから選びなさい。

(3点)

Sorry, I can't ＿＿＿＿＿ ＿＿＿＿＿, Dad.

ア go there　　イ clean here　　ウ help Mark　　(　　　)

(2) エミリーが下線部②のように言ったのはなぜか。理由を日本語で答えなさい。(7点)

(　　　　　　　　　　　　　　　　　　　　　　　　　　　　)

(3) 本文の内容に合うように，次の英文に4語の英語で答えなさい。 (完答5点)

What is Emily doing now? — ＿＿＿＿＿ ＿＿＿＿＿ ＿＿＿＿＿ ＿＿＿＿＿.

PROGRAM 8

# まとめテスト　第2回

Steps 5

教科書 pp.95～102

| 目標時間 | 得点 |
| --- | --- |
| 30分 | ／100 |

1 **リスニング** ボブと由紀の会話を聞いて，内容に合う絵を，ア～ウの中から一つ選んで書きなさい。 (5点)

ア 

イ 

ウ 

(　　　)

2 **語句** 英語は日本語に，日本語は英語にしなさい。 (2点×4＝8)

(1) wipe (　　　　　　)　(2) need (　　　　　　)

(3) 感じる f ＿ ＿ l　(4) 手伝う ＿ ＿ ＿ p

3 **適語補充** 空所に適切な1語を入れて，日本語に合う英文にしなさい。 (完答4点×4＝16)

(1) あなたの国について私に話してくれませんか。

＿＿＿＿＿ ＿＿＿＿＿ tell me about your country?

(2) あなたはよくつりに行きますか。

Do you often ＿＿＿＿＿ ＿＿＿＿＿?

(3) ときどき，空中に飛行機が見えます。

We sometimes see planes ＿＿＿＿＿ ＿＿＿＿＿ ＿＿＿＿＿.

(4) あなたの家に2時に行けます。— わかりました。

I can go to your house at two. — ＿＿＿＿＿ ＿＿＿＿＿.

4 **書きかえ** 次の文を(　　)内の指示にしたがって書きかえなさい。 (5点×4＝20)

(1) My brother runs every morning.（下線部を now にかえて，現在進行形の文に） ➡1

＿＿＿＿＿＿＿＿＿＿＿＿＿＿＿＿＿＿＿＿＿＿＿＿＿

(2) They are playing video games.（疑問文に） ➡2

＿＿＿＿＿＿＿＿＿＿＿＿＿＿＿＿＿＿＿＿＿＿＿＿＿

(3) The students are having lunch.（否定文に） ➡1

＿＿＿＿＿＿＿＿＿＿＿＿＿＿＿＿＿＿＿＿＿＿＿＿＿

(4) Emily is writing a letter now.（下線部をたずねる文に） ➡2

＿＿＿＿＿＿＿＿＿＿＿＿＿＿＿＿＿＿＿＿＿＿＿＿＿

**5** **整序** 日本語に合う英文になるように，(　　)内の語句を並べかえて全文を書きなさい。

(6点×3＝18)

(1) その男の子たちは今，自転車に乗っていません。 ➡1

( are / their bicycles / riding / not / the boys ) now.

___

(2) 久美は今，彼女の部屋で音楽を聞いているところです。 ➡1

( her room / is / Kumi / to / in / listening / music ) now.

___

(3) 彼らはどこへ行くところですか。( are / where / going / they )? ➡2

___

**6** **英語で表現** 次の場合どう言うか。英語で書きなさい。ただし(　　)内の語句を使うこと。

(8点×2＝16)

(1) 相手に，今部屋を掃除しているところかとたずねる場合。(the room) ➡2

___

(2) 自分は今，歌を歌っているところではないと言う場合 (a song) ➡1

___

**7** **読解** 次の会話文を読んで，あとの問いに答えなさい。 〔計17点〕

*Daniel:* Are you making potato salad?
*Helen:* [　　] I'm making *kurikinton.*
*Daniel:* *Kurikinton?* What's that?
*Helen:* It's a traditional Japanese dish for the New Year.
*Daniel:* I can't wait.

(1) [　　] に入る適切な英文を，下のア～エから選びなさい。 (4点)

ア Yes, I do.　イ No, I don't.　ウ Yes, I am.　エ No, I'm not.　(　　)

(2) 栗きんとんとは何ですか。日本語で答えなさい。 (8点)

(　　　　　　　　　　　　)

(3) 本文の内容に合うように，次の英文に3語の英語で答えなさい。 (完答5点)

What is Helen doing? — ______ ______ ______.

# 定期テスト予想問題4　第1回

PROGRAM 7 ～ Steps 5

教科書 pp.79 ～ 102

| 目標時間 | 得点 |
| --- | --- |
| 30分 | ／100 |

**1** リスニング　次の各問いに答えなさい。

(1)　イラストを参考にしながら会話と応答を聞き，最も適切な応答をア～ウの中から一つ選んで書きなさい。 (7点×3＝21)

(a) (　　　　)　(b) (　　　　)　(c) (　　　　)

(2)　英文と質問を聞き，その答えとして最も適切なものをア～エの中から一つ選びなさい。 (7点)

ア　It's by the desk.　　イ　It's on the wall.

ウ　It's under the chair.　　エ　It's on the desk.　　(　　　)

**2** 適語補充　空所に適切な1語を入れて，日本語に合う英文にしなさい。 (完答4点×3＝12)

(1)　私は私の家族について話したいと思います。

I ＿＿＿＿ ＿＿＿＿ ＿＿＿＿ talk about my family.

(2)　タレントショーでいっしょに演じませんか。

＿＿＿＿ ＿＿＿＿ ＿＿＿＿ perform at the talent show?

(3)　テレビを消しなさい。― わかりました。

＿＿＿＿ ＿＿＿＿ the TV. ― All ＿＿＿＿.

**3** 適文選択　次の会話について，(　　)に入れるのに最も適切なものを下のア～エの中から一つ選んで書きなさい。 (8点×2＝16)

(1)　*Girl :* This room is very cold.  Can you close the window?

*Boy :* (　　　　)

ア　Yes, you are.　　イ　Thanks for closing.

ウ　Sorry, you can't.　　エ　Of course.

(2)　*Boy :* Are there any good bookstores in this town?　➲P7 1

*Girl :* (　　　　) I can show you around.

ア　Yes, they are.　　イ　No, they aren't.

ウ　Yes, there are.　　エ　No, there aren't.

**4** **英語で表現** 由美になったつもりでジョンの質問に3語以上の英語で書きなさい。➲P8 1 2

(10点)

________________________________________

**5** **読解** 次の会話文を読んで，あとの問いに答えなさい。 〔計34点〕

*Emily:* You like World Heritage Sites, right?

*Ken:* Yes.

*Emily:* In Australia, there are many sites.

*Ken:* Really? ①( )( )?

*Emily:* ②( famous / there / place / a / is ) in Sydney. Here it is. It's the Opera House.

*Ken:* Wow! It's so beautiful.

*Emily:* We also have the Great Barrier Reef.

*Ken:* I want to see ③it.

(1) 下線部①が「たとえば？」という意味になるように，( )にあてはまる語を書きなさい。 (完答4点×2=8)

__________ __________?

(2) 下線部②の( )内の語句を並べかえて，全文を書きなさい。 (5点)

________________________________________

(3) 下線部③が指すものを英語で書きなさい。 (3点)

____________________

(4) 本文の内容に合うように，次の問いに英語で答えなさい。 (5点×2=10)

(a) Are there many World Heritage Sites in Australia? — ____________________

(b) Where is the Opera House in Australia? — ____________________

(5) 本文の内容に合うものには○を，合わないものには×を書きなさい。 (4点×2=8)

(a) Ken likes World Heritage Sites. ( )

(b) We can't see the Great Barrier Reef in Australia. ( )

# 定期テスト予想問題4　第2回

PROGRAM 7 ～ Steps 5

教科書 pp.79 ～ 102

| 目標時間 | 得点 |
| --- | --- |
| 30分 | ／100 |

**1** **リスニング** 次の各問いに答えなさい。

(1) イラストを参考にしながら会話と応答を聞き，最も適切な応答をア～ウの中から一つ選んで書きなさい。 (6点×3＝18)

(a) (　　　　) (b) (　　　　) (c) (　　　　)

(2) 英文と質問を聞き，その答えとして最も適切なものをア～エの中から一つ選びなさい。 (6点)

ア Her favorite sport.　イ Her family.

ウ Her dog.　エ Her dream.　(　　　)

**2** **適語補充** 空所に適切な1語を入れて，日本語に合う英文にしなさい。 (完答4点×3＝12)

(1) いつかあなたの町を案内してください。

Please ＿＿＿＿＿＿ me ＿＿＿＿＿＿ your town someday.

(2) 私は少し疲れています。

I'm ＿＿＿＿＿＿ ＿＿＿＿＿＿ tired.

(3) ダニエルは日本でいくつかの都市，たとえば京都や奈良を訪れたいと思っています。

Daniel wants to visit some cities in Japan, ＿＿＿＿＿ ＿＿＿＿＿, Kyoto and Nara.

**3** **適文選択** 次の会話について，(　　)に入れるのに最も適切なものを下のア～エの中から一つ選んで書きなさい。 (8点×2＝16)

(1) *Girl :* (　　　　　) ➲P7 2

*Boy :* I walk to school every day.

ア When do you leave home?　イ What time do you come to school?

ウ Where do you want to go?　エ How do you come to school?

(2) *Girl :* Hi, Daniel. (　　　　　) ➲P8 2

*Boy :* To Midori Park. I play tennis there.

ア What are you doing?　イ Where are you going?

ウ Are you studying math?　エ Are there many books in the library?

4 **英語で表現** 明になったつもりでジムの質問に5語以上の英語で書きなさい。ただし，数字も英語のつづりで書くこと。 ➡P7 1 3

（10点）

______________________________________________

5 **読解** 次の会話文を読んで，あとの問いに答えなさい。 〔計38点〕

*Helen:* Daniel! Where are you? ①I need your help.
*Daniel:* I'm coming. ②( are / doing / you / what ), Mom?
*Helen:* I'm mashing sweet potatoes. It's very hard.
*Daniel:* OK. I can ③do it for you. Are you making potato salad?
*Helen:* ④(　　), (　　) (　　). I'm making *kurikinton.*
*Daniel:* *Kurikinton?* What's that?
*Helen:* It's a traditional Japanese dish for the New Year.
*Daniel:* I can't wait.

(1) 下線部①とほぼ同じ内容になるように，____に適切な語を書きなさい。 （完答5点）

Can you ________ ________?

(2) 下線部②の(　　)内の語を並べかえて，全文を書きなさい。 （5点）

______________________________________________

(3) 下線部③が表す具体的な内容を日本語で答えなさい。 （7点）

(　　　　　　　　　　　　　　　　　　　　)

(4) 下線部④の(　　)にあてはまる語を書きなさい。 （完答4点）

________, ________ ________.

(5) 本文の内容に合うように，次の問いに英語で答えなさい。 （5点）

Who is Helen? — ______________________________

(6) 本文の内容に合うものには○を，合わないものには×を書きなさい。 （6点×2＝12）

(a) 栗きんとんは新年のための伝統的な日本料理である。 (　　)

(b) ダニエルは栗きんとんを知っていた。 (　　)

PROGRAM 9

# A Trip to Finland

教科書 pp.103 ～ 112

Steps 6

## 1 一般動詞の過去形（規則動詞）

**I stayed home and watched TV.**

（私は家にいてテレビを見ていました。）

☑「～しました。」と過去の出来事を言うときは，動詞の過去形を使います。play や cook など多くの動詞では語尾に -(e)d をつけます（規則動詞）。

☑ 規則動詞の過去形動詞の -(e)d のつけ方

①ふつうの語：-ed をつける。 例 look → looked，play → played

②語尾が -e の語：-d だけつける。 例 like → liked，live → lived

③語尾が〈子音字＋y〉の語：y を i に変えて -ed をつける。 例 study → studied

④語尾の子音字を重ねて -ed をつける。 例 stop → stopped

✓Check 次の日本語に合うように，空所に適する語を書きなさい。

(1) 私は先週，フィンランドを訪れました。

I ＿＿＿＿＿＿ Finland last week.

★過去の文は動詞を過去形にする。visit「訪れる」は -ed をつける。

(2) 私たちは２年前，神戸に住んでいました。

We ＿＿＿＿＿＿ in Kobe two years ago.

★ live「住んでいる」は語尾が -e なので，-d だけつける。

(3) 健は昨夜，夕食後に英語を勉強しました。

Ken ＿＿＿＿＿＿ English after dinner last night.

★ study「勉強する」は語尾が〈子音字＋y〉なので，y を i に変えて -ed をつける。

## 2 一般動詞の過去形（不規則動詞）

**I had a good time yesterday.**（私は昨日，楽しい時を過ごしました。）

☑ go や speak などよく使われる一部の動詞では語尾に -(e)d をつけるのではなく，まったく違った形で過去形を表します（不規則動詞）。

☑ 不規則動詞（PROGRAM9 に出てくる動詞）

例 buy → bought，eat → ate，find → found，get → got，have → had，
read [ri:d] → read [red]，see → saw，take → took，win → won

✓Check　次の日本語に合うように，空所に適する語を書きなさい。

(1)　私の母は昨日，くだものを買いました。

My mother ______ some fruit yesterday.

★ buy「買う」は不規則動詞。過去形は bought。

📖(2)　私はそれをスーパーマーケットで見つけました。

I ______ it at a supermarket.

★ find「見つける」は不規則動詞。過去形は found。

## 3　一般動詞の過去形の疑問文・否定文

① **Did you eat two ice cream bars before dinner?**
(あなたは夕食前にアイスクリームを２本食べたのですか。)
— **Yes, I did.** (はい，そうです。)

☑「～しましたか。」と過去のことをたずねるときは，主語の前に did を置きます。動詞は原形(-(e)d のつかない形)にします。

☑ 答えの文でも did を使って，〈Yes, 主語 + did.〉や〈No, 主語 + didn't [did not].〉と答えます。

② **I didn't eat dessert last night.** (私は昨夜はデザートを食べませんでした。)

☑「～しませんでした。」という否定文は動詞の前に did not を置きます。動詞は原形にします。

✓Check　次の日本語に合うように，空所に適する語を書きなさい。

(1)　エミリーは昨日，彼女のお父さんを手伝いましたか。— はい，そうです。

______ Emily ______ her father yesterday? — Yes, she ______.

★一般動詞の過去の疑問文は主語の前に Did を置く。「手伝う」は help で動詞は原形。答えるときも did を使う。

📖(2)　太陽は午前 11 時までのぼりませんでした。

The sun ______ ______ until 11 a.m.

★一般動詞の過去の否定文は動詞の前に didn't [did not] を置く。「のぼる」は rise で動詞は原形。

(3)　あなたのぼうしは見つかりましたか。— いいえ，見つかりませんした。

______ you ______ your cap? — No, I ______.

★主語の前に Did を置き，動詞は原形。「見つける」は find。〈No, 主語＋didn't [did not].〉で答える。

(4)　あなたのお母さんはこの前の土曜日に働きましたか。

______ your mother ______ last Saturday?

★主語の前に Did を置き，動詞は原形。「働く」は work。

(5)　私は昨夜，本を読みませんでした。

I ______ ______ a book last night.

★動詞の前に didn't [did not] を置く。「読む」は read で動詞は原形。

PROGRAM 9

# まとめテスト　第1回

Steps 6

教科書 pp.103 ～ 112

| 目標時間 | 得点 |
|---|---|
| 30分 | ／100 |

1 リスニング　先生とサムの会話を聞いて，サムが週末にしたことを日本語で書きなさい。
(5点)

| | |
|---|---|
| 土曜日 | 友だちと（　　　　　）で（　　　　　）をした。 |
| 日曜日 | （　　　　　）で（　　　　　）をした。 |

2 語句　英語は日本語に，日本語は英語にしなさい。　(2点×6＝12)

(1) p.m.　(　　　　　)　　(2) until　(　　　　　)

(3) experience　(　　　　　)　　(4) 滞在する，泊まる　st＿＿

(5) 道路，道　r＿＿d　　(6) 勝つ，勝ちとる　＿＿n

3 適語補充　空所に適切な1語を入れて，日本語に合う英文にしなさい。　(完答5点×4＝20)

(1) 私は昨日，一日中音楽を聞きました。

I listened to music ＿＿＿＿＿ ＿＿＿＿＿ yesterday.

(2) あなたは昨夜，何をしましたか。

What did you do ＿＿＿＿＿ ＿＿＿＿＿?

(3) 私は図書館で宿題をします。

I ＿＿＿＿＿ ＿＿＿＿＿ ＿＿＿＿＿ in the library.

(4) この市はリンゴで有名です。

This city ＿＿＿＿＿ ＿＿＿＿＿ ＿＿＿＿＿ its apples.

4 適語選択　(　　)内から適切な語を選び，○で囲みなさい。　(完答3点×5＝15)

(1) My father (cook, cooks, cooked) lunch last Sunday.　→1

(2) (Do, Does, Did) you enjoy the snow festival last winter?　→3

(3) Mao went to the library and (read, reads) a book there.　→2

(4) I didn't (have, has, had) breakfast this morning.　→3

(5) Did Takeshi (walk, walks, walked) to school yesterday?　→3

— Yes, he (do, does, did).

**5** **整序** 日本語に合う英文になるように，(　　)内の語句を並べかえて全文を書きなさい。

(6点×3＝18)

(1) マークは昨日，ギターをひきませんでした。 ➡3

( the guitar / Mark / not / play / did ) yesterday.

______________________________

(2) 私はこの前の土曜日に動物園でパンダを見ました。 ➡2

( I / the zoo / pandas / saw / at ) last Saturday.

______________________________

(3) 彼女たちは放課後，どこでテニスを練習しましたか。 ➡3

( school / where / practice / did / after / tennis / they )?

______________________________

**6** **英語で表現** 次の場合どう言うか。英語で書きなさい。ただし(　　)内の語句を使うこと。

(8点×2＝16)

(1) 美希(Miki)といっしょに図書館で勉強したと，帰宅後に母親に伝える場合(the library) ➡1

______________________________

(2) 相手に今朝，何時に起きたかをたずねる場合 (this morning) ➡3

______________________________

**7** **読解** 次の会話文を読んで，あとの問いに答えなさい。 〔計14点〕

| | |
|---|---|
| *Miki:* | Take a look at these pictures. I visited ①Finland last week. |
| *Daniel:* | Wow! ②They are very beautiful. |
| *Miki:* | Yes. It's a country of forests and lakes. |
| *Daniel:* | I see. |
| *Miki:* | I saw the aurora and relaxed in a sauna. |
| *Daniel:* | Finnish people invented saunas, you know. |
| *Miki:* | Right. They have saunas in their homes! |

(1) 下線部①はどのような国だと美希は言っていますか。日本語で答えなさい。

(6点)

(　　　　　　　　　　　　　　　　　　　　)

(2) 下線部②が指すものを本文から英語2語で抜き出しなさい。 (完答3点)

__________ __________

(3) 本文の内容に合うように，次の英文に答えるとき，____に入る語を答えなさい。(完答5点)

What do Finnish people have in their homes? — ________ ________ ________ there.

# まとめテスト　第2回

Steps 6

教科書 pp.103 ～ 112

| 目標時間 | 得点 |
| --- | --- |
| 30分 | ／100 |

**1** リスニング　アンとサムの会話を聞いて，アンがしたことを，ア～ウの中から一つ選んで書きなさい。（5点）

ア

イ

ウ

（　　　）

**2** 語句　英語は日本語に，日本語は英語にしなさい。（2点×6＝12）

(1) medical（　　　　　）　(2) once（　　　　　）

(3) invent（　　　　　）　(4) 人々　p __ __ ple

(5) 球場，競技場　stad __ __ __　(6) もうひとつ［1人］の　an __ __ __ er

**3** 適語補充　空所に適切な1語を入れて，日本語に合う英文にしなさい。（完答4点×4＝16）

(1) フィンランドではサンタクロースに会えます。― 何てすてきなの！

You can meet Santa Claus in Finland. ― ________ nice!

(2) ちょっとその書店を見てみましょう。

Let's ________ a ________ ________ the bookstore.

(3) 私の弟はテレビを見すぎます。

My brother watches TV ________ ________.

(4) 私は先週あの山に登りました。

I climbed that mountain ________ ________.

**4** 書きかえ　次の文を(　　)内の指示にしたがって書きかえなさい。（5点×4＝20）

(1) Kumi cleans her room.（文末に yesterday を加えて，過去の文に）　➡ 1

________________________________________

(2) The bus stopped at the department store.（否定文に）　➡ 3

________________________________________

(3) Daniel went to bed early last night.（疑問文に）　➡ 3

________________________________________

(4) Miki ate some sandwiches for breakfast this morning.（下線部をたずねる文に）　➡ 3

________________________________________

**5** **整序** 日本語に合う英文になるように，(　　)内の語句を並べかえて全文を書きなさい。

(6点×3＝18)

(1) あなたは昨夜，音楽を聞きましたか。( did / last / listen / you / music / night / to )? ➡ 3

＿＿＿＿＿＿＿＿＿＿＿＿＿＿＿＿＿＿＿＿＿＿＿＿＿＿＿＿＿＿

(2) 私たちは昨日，たくさん宿題がありました。 ➡ 2

( had / homework / a lot of / we ) yesterday.

＿＿＿＿＿＿＿＿＿＿＿＿＿＿＿＿＿＿＿＿＿＿＿＿＿＿＿＿＿＿

(3) 彼らはこの前の金曜日，サッカーの試合に勝ちませんでした。

( soccer game / not / win / did / the / they ) last Friday. ➡ 3

＿＿＿＿＿＿＿＿＿＿＿＿＿＿＿＿＿＿＿＿＿＿＿＿＿＿＿＿＿＿

**6** **英語で表現** 次の場合どう言うか。英語で書きなさい。ただし(　　)内の語を使い，数字も英語のつづりで書くこと。

(7点×2＝14)

(1) 自分は昨夜8時にふろに入ったと言う場合（last） ➡ 2

＿＿＿＿＿＿＿＿＿＿＿＿＿＿＿＿＿＿＿＿＿＿＿＿＿＿＿＿＿＿

(2) 相手に，3日前に何をしたかをたずねる場合（ago） ➡ 3

＿＿＿＿＿＿＿＿＿＿＿＿＿＿＿＿＿＿＿＿＿＿＿＿＿＿＿＿＿＿

**7** **読解** 次の会話文を読んで，あとの問いに答えなさい。 〔計15点〕

*Miki:* Finland is famous for Moomin and Santa Claus too.
*Daniel:* What food is famous?
*Miki:* Well, do you know *salmiakki*?
*Daniel:* No, I don't. What's that?
*Miki:* It's a bitter and salty candy. Many Finnish people like it. I ate it only once during the trip.

(1) フィンランドで有名なものは何ですか。食べもの以外で2つ日本語で書きなさい。 (完答4点)

(　　　　　　　　　　)と(　　　　　　　　　　)。

(2) 本文の内容に合うように，次の問いに3語の英語で答えなさい。 (完答5点)

What food did Miki eat during the trip to Finland?

— ＿＿＿＿＿ ＿＿＿＿＿ ＿＿＿＿＿.

(3) 本文の内容に合うものには○を，合わないものには×を書きなさい。 (3点×2＝6)

(a) Daniel doesn't know *salmiakki*. (　　)

(b) *Salmiakki* is a sweet candy, so many Finnish people like it. (　　)

PROGRAM 10

# Grandma Baba's Warming Ideas!

教科書 pp.113 ～ 130

## Steps 7 / Our Project ③ / Power-Up 6

### 1 be 動詞の過去形の肯定文

I was a student 30 years ago.（私は 30 年前は学生でした。）

You were very cute.（あなたはとてもかわいかったのですね。）

☑「～だった。」という過去の状態や，「(～が)あった[いた]。」という存在を表すには，be 動詞の過去形を使います。am，is の過去形は was，are の過去形は were です。

☑ be 動詞の使い分けは以下のとおりです。

| 主語 | 現在形 | 過去形 |
|---|---|---|
| I | am | was |
| she / he / it | is | was |
| you / we / they | are | were |

主語が I と単数のときは was，you と複数のときは were と覚えておこう。

✓Check 次の日本語に合うように，空所に適する語を書きなさい。

(1) 私は昨日，とても疲れていました。

I __________ very tired yesterday.

★「～だった。」は be 動詞の過去の文で表す。主語が I なので was。

📖(2) ばばばあちゃんは家にいました。

Grandma Baba __________ at home.

★「～にいた。」は be 動詞の過去の文で表す。主語が三人称・単数なので was。

(3) 私たちは 2 年前クラスメートでした。

We __________ classmates two years ago.

★「～だった。」は be 動詞の過去の文で表す。主語が We なので were。

### 2 be 動詞の過去形の疑問文・否定文

① Were you busy?（忙しかったですか。）

— Yes, I was. / No, I was not.

（はい，忙しかったです。／いいえ，忙しくありませんでした。）

☑ 疑問文は be 動詞を主語の前に出します。

☑ 答えるときは〈Yes, 主語＋was[were].〉または〈No, 主語＋was[were] not.〉で表します。

② I wasn't so busy today.（今日はそれほど忙しくありませんでした。）

☑ 否定文は be 動詞のうしろに not を置きます。wasn't は was not，weren't は were not の短縮形です。

**Check** 次の日本語に合うように，空所に適する語を書きなさい。

(1) あなたは昨日，図書館にいましたか。— はい，いました。

__________ you in the library yesterday? — Yes, I __________.

★疑問文は was[were] を主語の前に出す。主語が you なので Were を入れる。答えの文の主語は I なので was を入れる。

(2) それは悪い考えでしたか。— いいえ，そうではありませんでした。

__________ that a bad idea? — No, it __________.

★主語(that)が単数なので Was を入れる。答えの文の主語は it なので was not の短縮形 wasn't を入れる。

(3) それらの絵は美しかったですか。— はい，美しかったです。

__________ the pictures beautiful? — Yes, they __________.

★主語(the pictures)が複数なので Were を入れる。答えの文の主語は they なので were を入れる。

## 3 過去進行形の肯定文・疑問文・否定文

① I was watching TV at eight last night.

(私は昨夜８時にテレビを見ていました。)

☑「～していた。」と，過去のあるときに進行中だった動作を表すには，〈be 動詞の過去形(was，were)＋動詞の -ing 形〉を使います。

② Was he playing soccer then? (彼はそのときサッカーをしていましたか。)

— Yes, he was. / No, he was not.

(はい，していました。／いいえ，していませんでした。)

☑ 疑問文は be 動詞を主語の前に出します。答えるときも be 動詞を使います。

③ They were not studying at that time.

(彼らはそのとき，勉強していませんでした。)

☑ 否定文は be 動詞のうしろに not を置きます。

**Check** 次の日本語に合うように，空所に適する語を書きなさい。

(1) あなたはそのときジャムを作っていましたか。

__________ you __________ jam at that time?

★過去進行形の疑問文は〈be 動詞＋主語＋動詞の -ing 形 ～?〉の形。

(2) ばばばあちゃんは，押入れの中で温かくてふわふわしたキルトのてっぺんで眠っていました。

Grandma Baba __________ __________ in her closet on top of warm and fluffy quilts.

★〈be 動詞の過去形(was，were)＋動詞の -ing 形〉の形。

(3) 私たちは１時間前，掃除をしていませんでした。

We __________ __________ __________ an hour ago.

★過去進行形の否定文は〈was[were]＋not＋動詞の -ing 形〉の形。

PROGRAM 10

# まとめテスト　第1回

## Steps 7 / Our Project ③ / Power-Up 6

教科書 pp.113 ~ 130

| 目標時間 | 得点 |
|---|---|
| 30分 | ／100 |

**1** リスニング　久美とサムの会話を聞いて，内容に合うように表に○をつけなさい。（完答5点）

| | 昨日のようす | | |
|---|---|---|---|
| | fine | sleepy | tired |
| 久美 | | | |
| サム | | | |

**2** 語句　英語は日本語に，日本語は英語にしなさい。（2点×6＝12）

(1) hobby　(　　　　　)　　(2) sleepy　(　　　　　)

(3) reach　(　　　　　)　　(4) プログラム，番組　pro _ _ _ _

(5) 若い　y _ _ ng　　(6) 従う　foll _ _

**3** 適語補充　空所に適切な1語を入れて，日本語に合う英文にしなさい。（完答4点×5＝20）

(1) ただいま。― あら，マイク。今日の学校はどうだった？

______ ______. ― Hi, Mike.  How was school today?

(2) どうしたのですか。― くつが見つかりません。

______ the ______? ― I can't find my shoes.

(3) どこで電車に乗りましたか。

Where did you ______ ______ the train?

(4) テーブルの脚にしがみつきなさい。

______ ______ ______ the leg of the table.

(5) このように魚を料理できます。

You can cook fish ______ ______.

**4** 適語選択　(　　)内から適切な語を選び，○で囲みなさい。（3点×5＝15）

(1) I (am, was, were) at home then. ➲1

(2) (Was, Are, Were) you in Tokyo last weekend? ➲2

(3) Were the boys (play, played, playing) soccer an hour ago? ➲3

(4) We (are, were, was) junior high school students three years ago. ➲1

(5) Ken (didn't, wasn't, isn't) a basketball player two years ago. ➲2

5 整序 日本語に合う英文になるように，(　　)内の語句を並べかえて全文を書きなさい。

(6点×3＝18)

(1) 私の母は昨日とても忙しかったです。

( busy / my mother / very / was ) yesterday. ➡1

(2) そのとき，彼らはあなたに親切でしたか。

( kind / at that time / to / they / you / were)? ➡2

(3) 真央は今朝10時にピアノを練習していませんでした。 ➡3

( at / Mao / practicing / ten / wasn't / the piano ) this morning.

6 英語で表現 次の場合どう言うか。英語で書きなさい。ただし(　　)内の語を使うこと。

(8点×2＝16)

(1) 相手に，この前の日曜日にどこにいたかとたずねる場合（last） ➡2

(2) 相手に，彼らはそのとき公園を走っていなかったと伝える場合（then） ➡3

7 読解 次の英文を読んで，あとの問いに答えなさい。 〔計14点〕

*It was a snowy winter day.*
*Grandma Baba was at home.*
*All her friends were outside.*
*Then a cat and a dog came into her house.*
*Grandma Baba:* What's the matter, my young friends?
*Cat and Dog:* We're freezing!

(1) この日はどのような日でしたか。日本語で答えなさい。 (5点)

(　　　　　　　　　　　　　　　　　　　　　　)

(2) 本文の内容に合うように，次の問いに4語の英語で答えなさい。 (完答5点)

Where was Grandma Baba on that day? — ______ ______ ______ ______.

(3) 下線部が指すものを本文から英語5語で抜き出しなさい。 (完答4点)

______ ______ ______ ______ ______

PROGRAM 10

# まとめテスト　第2回

教科書 pp.113 ～ 130

## Steps 7 / Our Project ③ / Power-Up 6

| 目標時間 | 得点 |
|---|---|
| 30分 | ／100 |

**1** **リスニング** アンと純の会話を聞いて，内容に合うように表を完成させなさい。（完答5点）

| | at seven |
|---|---|
| アン | 純に電話をしながら　(　　　　　　　　　　　　　　　　) |
| 純 | (　　　　　　　　　　　　　　　　　　　　　　　　) |

**2** **語句** 英語は日本語に，日本語は英語にしなさい。（2点×6＝12）

(1) finally　(　　　　　　)　(2) surprised　(　　　　　　)

(3) theater　(　　　　　　)　(4) 考え，アイディア　id _ _

(5) 十分に　en _ _ _ h　(6) 温かい　w _ _ m

**3** **適語補充** 空所に適切な1語を入れて，日本語に合う英文にしなさい。（完答4点×4＝16）

(1) 私たちはこの前の土曜日，その山のてっぺんにいました。

We were ______ top ______ the mountain last Saturday.

(2) 私はそのとき本を読んでいました。

I was reading a book ______ ______ ______.

(3) 彼らは木の枝を切り落としました。

They ______ some *branches ______ the trees.　*branch　枝

(4) 私は今朝，早く起きました。

I got up early ______ ______.

**4** **書きかえ** 次の文を(　　)内の指示にしたがって書きかえなさい。（5点×4＝20）

(1) I was in the music club last year.（下線部を Daniel and I にかえて）　➡1

______________________________

(2) Did you walk in the park?（文末に at that time を加えて，過去進行形の文に）　➡3

______________________________

(3) The movie was exciting.（疑問文に）　➡2

______________________________

(4) Mao was playing the piano an hour ago.（下線部をたずねる文に）　➡3

______________________________

5 **整序** 日本語に合う英文になるように，(　　)内の語句を並べかえて全文を書きなさい。

(6点×3＝18)

(1) 昨夜は雨が降っていましたか。( rainy / it / last night / was )? ➡ 2

______________________________

(2) 私はそのとき，姉と夕食を作っていました。

( was / my sister / I / dinner / with / making) then. ➡ 3

______________________________

(3) その男の子たちは1時間前，公園にいませんでした。

( were / the park / not / in / the boys ) an hour ago. ➡ 2

______________________________

6 **英語で表現** 次の場合どう言うか。英語で書きなさい。ただし(　　)内の語句を使うこと。

(7点×2＝14)

(1) 相手に，これらの本はとてもおもしろかったと伝える場合 (interesting) ➡ 1

______________________________

(2) 相手に昨夜の9時に何をしていたかとたずねる場合 (at nine) ➡ 3

______________________________

7 **読解** 次の英文を読んで，あとの問いに答えなさい。 〔計15点〕

> ①*Bang!* *The bed broke with a terrible sound. It wasn't strong enough.*
> *All the animals:* Oh, no! Was that a bad idea?
> *Grandma Baba:* No, it wasn't. Mmm, watch ②this.
> *She cut the legs off the bed.*
> *Grandma Baba:* Well, well! Look at the bed now!
> *All the animals:* Wow, it's a sleigh!

(1) 下線部①は何がどうなった音ですか。日本語で答えなさい。 (6点)

(　　　　　　　　　　　　　　　　　　　　)

(2) 下線部②について，ばばばあちゃんは動物たちに何を見るように言いましたか。日本語で答えなさい。 (6点)

(　　　　　　　　　　　　　　　　　　　　) こと。

(3) ベッドは何になりましたか。日本語で答えなさい。 (3点)

(　　　　　　　　　　)

# 定期テスト予想問題５　第１回

PROGRAM 9 ～ Power-Up 6

教科書 pp.103 ～ 130

| 目標時間 | 得点 |
| --- | --- |
| 30分 | ／100 |

**1** リスニング　次の各問いに答えなさい。

(1)　イラストを参考にしながら会話と応答を聞き，最も適切な応答をア～ウの中から一つ選んで書きなさい。　(7点×3＝21)

(a)（　　　　）　(b)（　　　　）　(c)（　　　　）

(2)　英文と質問を聞き，その答えとして最も適切なものをア～エの中から一つ選びなさい。　(7点)

ア　He was cleaning the bathroom.　イ　He was reading a book.
ウ　He was studying English.　エ　He was doing shopping.（　　　）

**2** 適語補充　空所に適切な１語を入れて，日本語に合う英文にしなさい。　(完答5点×3＝15)

(1)　ちょっとあなたのノートを見てもいいですか。

Can I ________ a ________ ________ your notebook?

(2)　どうしたの，メグ。— 気分がよくありません。

________ the ________, Meg? — I don't feel good.

(3)　あなたはどこで電車に乗りますか。

Where do you ________ ________ the train?

**3** 適文選択　次の会話について，(　　)に入れるのに最も適切なものを下のア～エの中から一つ選んで書きなさい。　(8点×2＝16)

(1)　*Woman :* You have a nice watch. Where did you get it?　➲P9 3

*Man :* (　　　　)

ア　I don't like it.　イ　At a department store.
ウ　About two years ago.　エ　It was 20,000 yen.

(2)　*Girl :* How was your trip to Okinawa?　➲P10 2

*Boy :* (　　　　) I saw a beautiful sea.

ア　It was delicious.　イ　I can't go there.
ウ　I really enjoyed it.　エ　I didn't watch it.

4 **英語で表現** 純になったつもりで，リサの質問に No. と答えたあとに続けて6語以上の英語で書きなさい。 ➲P10 **3** （12点）

No. ______________________________

5 **読解** 次の会話文を読んで，あとの問いに答えなさい。 〔計29点〕

*Daniel:* Did you have any other experiences?
*Miki:* Yes. I （ ① ） a reindeer on the road.
*Daniel:* On the road? Amazing!
*Miki:* And I enjoyed ②the long nights.
*Daniel:* What do you mean?
*Miki:* The sun didn't rise until 11 a.m.
*Daniel:* ③（　　）（　　） did the sun set then?
*Miki:* About 2 p.m.
*Daniel:* I didn't know that.

(1) （ ① ）に入る適切な語を，下のア〜エから選びなさい。 （5点）

ア see　イ sees　ウ saw　エ seeing　（　　）

(2) 下線部②の内容を具体的に日本語で表すとき，（　　）に適切な数字を入れなさい。 （完答8点）

太陽は午前（　　　）時までのぼらず，午後（　　　）時ごろに沈む。

(3) 下線部③の（　　）にあてはまる語を入れて，意味の通る英文にしなさい。（完答8点）

________ ________ did the sun set then?

(4) 本文の内容に合うように，次の問いに英語で答えなさい。 （8点）

Where was a reindeer?

— ______________________________

# 定期テスト予想問題5　第2回

教科書 pp.103 ～ 130

PROGRAM 9 ～ Power-Up 6

| 目標時間 | 得点 |
| --- | --- |
| 30分 | ／100 |

**1** **リスニング** 次の各問いに答えなさい。

(1) イラストを参考にしながら会話と応答を聞き，最も適切な応答をア～ウの中から一つ選んで書きなさい。 (8点×3＝24)

(a) (　　　　)　(b) (　　　　)　(c) (　　　　)

(2) 英文と質問を聞き，その答えとして最も適切なものをア～エの中から一つ選びなさい。 (8点)

ア Because he played soccer.　イ Because he won the game.

ウ Because he had a great time.　エ Because he saw his favorite player.

(　　　)

**2** **適語補充** 空所に適切な１語を入れて，日本語に合う英文にしなさい。 (完答4点×2＝8)

(1) この公園は美しい花で有名です。

This park ＿＿＿＿ ＿＿＿＿ ＿＿＿＿ its beautiful flowers.

(2) ただいま。— 今日はどうだった，マーク。

＿＿＿＿ ＿＿＿＿. — How was your day, Mark?

**3** **適文選択** 次の会話について，(　　)に入れるのに最も適切なものを下のア～エの中から一つ選んで書きなさい。 (8点×2＝16)

(1) *Father :* Did you see Mike?  I need his help. ➡P9 3

*Daughter :* (　　　　)

ア Yes, I was writing a letter.　イ Yes, he is in the bathroom just now.

ウ No, I can't help you now.　エ No, he didn't wash your car.

(2) *Boy :* I went fishing in Kita Lake yesterday. ➡P9 1 3

*Girl :* That's good.  How did you go to the lake?

*Boy :* It's far from my house, so (　　　　).

ア I went with my uncle　イ I got up early

ウ I went there by bus　エ I didn't catch any fish

**4** **英語で表現** 早紀になったつもりでボブの質問に6語以上の英語で書きなさい。ただし，数字も英語のつづりで書くこと。 ➲P9 **2** **3** (10点)

________________________________________

**5** **読解** 次の会話文を読んで，あとの問いに答えなさい。 〔計34点〕

*The sleigh* ①（ come ）*to the end of the slope.*
*Grandma Baba:* That ②（ was,　were ）fun.  Now, let's pull the sleigh and go back!
*All the animals:* ③<u>Heavo ho, heave ho!</u>  Back up the hill!
*All the animals pulled the sleigh up the hill.*
*Finally they reached Grandma Baba's house.*
*Everyone was* ④（ steam ）.
*All the animals:* Gosh, we're（　⑤　）now!
*Grandma Baba:* You can warm（　⑥　）this way.

(1) ①，④の（　　）内の語を適切な形にしなさい。 (4点×2＝8)

① __________　④ __________

(2) ②の（　　）内から正しい語を選びなさい。 (3点)

__________

(3) 下線部③はだれが何をしているかけ声ですか。日本語で答えなさい。 (完答8点)

（　　　　　　　　　　　）が（　　　　　　　　　　　）かけ声。

(4) （　⑤　）に入る適切な語を，下のア〜エから選びなさい。 (5点)

ア helpful　イ hot　ウ busy　エ cold　（　　）

(5) （　⑥　）に「あなたたち自身を」という意味の語を入れなさい。 (4点)

__________

(6) 本文の内容に合うように，次の問いに答えなさい。 (6点)

Where did all the animals reach finally? — ____________________

## PROGRAM 0 Get Ready

### まとめテスト●第1回 pp. 4 ～ 5

1 (1) ×　(2) ×　(3) ○

2 イ

3 (1) BDEFG　(2) HJKLN
(3) cimpw　(4) qrtvz

4 (1) window　(2) zoo　(3) box　(4) clock

5 (1) I'm good at tennis.
(2) Can you dance well?

6 (1) (例) 赤(色)
(2) (例) 7時

7 (1) お好み焼きを料理する[作る]
(2) 11　(3) 音楽の先生
(4)(a) ウ　(b) イ

**台本**

1 (1) math　(2) basketball　(3) winter
《和訳》(1)数学　(2)バスケットボール　(3)冬

2 Boy: I eat rice and *miso* soup for breakfast. What food do you like, Mao? / Girl: I like spaghetti.
《和訳》男の子「ぼくは朝食にご飯とみそ汁を食べます。あなたはなんの食べものが好きですか，真央」　女の子「私はスパゲッティが好きです」

**解説**

4 (1)「窓」 = window　(2)「動物園」 = zoo
(3)「箱」 = box　(4)「置時計」 = clock

5 (1)「私は～が得意です。」は I'm good at ～. で表す。
(2)「あなたは～できますか。」は Can you ～? で表す。

6 (1)「あなたは何色が好きですか」という意味。
(2)「あなたは何時に起きますか」という意味。

7 (1) 3行目第1文参照。
(2) 1行目第3文参照。November は「11 月」。
(3) 4行目第2文参照。
(4)(a)「あなたはピアノがひけますか」という意味。1行目第2文から Yes で答える。Can ～? には can を使って答える。
(b)「あなたは数学が好きですか」という意味。4行目第1文から No で答える。Do ～? には do を使って答える。

### まとめテスト●第2回 pp. 6 ～ 7

1 (1) ×　(2) ×　(3) ×

2 イ

3 (1) d　(2) h　(3) r　(4) E　(5) F　(6) N

4 (1) T　(2) g　(3) p

5 (1) weather　(2) animal
(3) fruit　(4) sport

6 (1) I can play the piano.
(2) Do you study English?

7 (1) (例) 看護師
(2) (例) 5月20日

8 (1) サッカーチームに入りたい。
(2) 有名なサッカー選手
(3) ピザを食べたい
(4)(a) イ　(b) ウ

**台本**

1 (1) Girl: I'm from Canada.
(2) Boy: I can't play the guitar well.
(3) Boy: I eat breakfast at seven thirty.
《和訳》(1)女の子「私はカナダ出身です」
(2)男の子「ぼくはじょうずにギターをひくことができません」
(3)男の子「ぼくは7時30分に朝食を食べます」

2 Boy: Do you like music, Miki? / Miki: Yes, I do. I often sing songs.
《和訳》男の子「あなたは音楽が好きですか，美希」　美希「はい，好きです。私はよく歌を歌います」

**解説**

5 (1)「天気」 = weather　(2)「動物」 = animal
(3)「くだもの」= fruit　(4)「スポーツ」= sport

6 (1)「私は～することができます。」は I can ～.

で表す。

(2)「あなたは～しますか。」は Do you ～? で表す。

7(1)「あなたは何になりたいですか」という意味。

(2)「あなたの誕生日はいつですか」という意味。

8(1) 2行目参照。

(2) 3行目参照。famous は「有名な」。

(3) 4行目参照。

(4)(a)「あなたはじょうずにサッカーをしますか」という意味。2行目から No で答える。Do you ～? には do を使って答える。

(b)「あなたは名古屋の出身ですか」という意味。1行目から Yes で答える。Are you ～? に Yes で答えるときは，Yes, I am. となる。

## PROGRAM 1 Word Web ①

### ● Check pp. 8 ～ 9

1 (1) I am (2) I'm not (3) You are

2 (1) Are you / I am (2) Are you
(3) I'm not / I'm (4) Where are you
(5) I'm from

3 (1) eleven
(2) two thousand five hundred

**解説**

1(1)「私は～です。」は，I am ～. で表す。

(2)「私は～ではありません。」という否定文は，am のうしろに not を置く。空所の数から，I am の短縮形 I'm を使う。

(3)「あなたは～です。」は，You are ～. で表す。

2(1)「あなたは～ですか。」という疑問文は，Are you ～? で表す。「はい，そうです。」と答えるときは，Yes, I am. で表す。

(3) Are you ～? に「いいえ，違います。」と答えるときは，No, I am not. で表す。空所の数から I am を短縮形 I'm にする。

(4)「どこ」Where で文を始めて，be 動詞の疑問文の形〈be 動詞＋主語 ～?〉を続ける。

(5) from ～は「～出身の」という意味。空所の数から，I am の短縮形 I'm を使う。

3(1)「11(の)」は eleven で表す。

(2) カンマの区切りを目安に 2,000(two thousand) と 500(five hundred) に分けて読む。単位は複数形にしないことに注意。

### まとめテスト●第1回 pp.10 ～ 11

1 (1) 30歳 (2) 先生 (3) 親切な

2 (1) 20(の) (2) 役に立つ (3) 生徒，学生
(4) really (5) hundred (6) fan

3 (1) am from (2) Nice to, you
(3) Thanks for (4) want to

4 (1) am (2) Are (3) am not (4) are

5 (1) You are a baseball fan.
(2) I am not a new student.
(3) Are you in the art club?

6 (1) You're[You are] so polite.
(2) Where are you from?

7 (1)① Daniel ② Mao
(2) No, I'm not
(3)(a) ○ (b) × (c) ○

**台本**

1 Man: I'm Yuta. I'm thirty. I'm a teacher. I'm kind.
《和訳》男性「ぼくは勇太です。ぼくは 30 歳です。ぼくは先生です。ぼくは親切です」

**解説**

3(1)「～の出身」＝ be from ～

(2) 初対面の人に「はじめまして。」とあいさつするとき，Nice to meet you. で表す。

(3)「～してくれてありがとう。」＝ Thanks for ～.

(4)「～したい」＝ want to ～

4(1)「～は…です。」の文で，主語が I のときは am を使う。

(2) 主語が you のときは are を使う。

(3) 主語が I のときは am を使い，否定文は am のうしろに not を置く。

(4) 主語が You and I と複数なので，be 動詞は

are を使う。
5 (1)「あなたは～です。」は You are ～. で表す。「野球ファン」= a baseball fan
(2)「私は～ではありません。」は I am not ～. で表す。
(3)「あなたは～部に入っていますか。」は Are you in ～ club? で表す。
6 (1)「あなたは～です。」は You are ～. で表す。
(2)「あなたはどこの出身ですか」という文を作る。Where を文頭に置いて，are you from? を続ける。
7 (1) ダニエルと真央の会話で，真央の発言であることから，You はダニエル，I は真央を指す。
(2)「真央，あなたは１年Ａ組ですか」２～３行目参照。Me too.「私もです」は直前のダニエルの I'm in 1-B. を受けて言っている。
(3)(a) １～２行目参照。 (b) ３行目参照。
(c) ２行目参照。

## まとめテスト●第２回　pp.12 ～ 13

1 イ

2 (1) まじめな　(2) 1,000(の)
(3) 親しみやすい　(4) problem
(5) twelve　(6) talk

3 イ

4 (1) I am[I'm] Ono Miki.
(2) You are not[You aren't, You're not] cheerful.
(3) Yes, I am.
(4) Where are you from?

5 (1) Are you Ms. Miller?
(2) You and I are not in the music club.

6 (1) Are you from Nagoya?
(2) I'm[I am] not careful.

7 (1) to the gym　(2) Yes, I am
(3) イ

**台本**

1 Boy: Hello, Mika. / Girl: I'm sorry. I'm not Mika. I'm Lisa. / Boy: Oh, you aren't Mika.
《和訳》男の子「こんにちは，美香」 女の子「すみません。私は美香ではありません。私はリサです」 男の子「ああ，あなたは美香ではないのですね」

**解説**

3 女の子「はじめまして。私はメアリーです。私は１年Ｃ組です」 男の子「あなたはぼくのクラスです」 イが正解。ア「ぼくはバスケットボールファンです」ウ「ぼくは 13 歳です」エ「あなたは活発です」
4 (1) 主語を I にするので，be 動詞も am にする。
(2) 否定文は are のうしろに not を置く。You are not ～. は短縮形を使って，You aren't ～. や You're not ～. と表せる。
(3) Are you ～? に対して Yes で答えるときは，Yes, I am. で表す。
(4) 場所をたずねる疑問詞 Where で文を始めて，疑問文の形 are you from? を続ける。
5 (1)「あなたは～ですか。」は Are you ～? で表す。
(2) 否定文なので are のうしろに not を置く。「音楽部に入って」は in the music club。
6 (1)「あなたは名古屋の出身ですか」という文を作る。Are you from ～? で表す。
(2)「私は注意深くありません」という文を作る。I'm[I am] not ～. で表す。
7 (1) 直前のエミリーの発言 I want to go to the gym.「私は体育館に行きたいです」を受けて「行きましょう」と言っている。
(2)「健，あなたは１年Ｂ組ですか」２～３行目参照。エミリーは「私は１年Ｂ組よ」，健は「きみはぼくのクラスです」と言っていることから，健は１年Ｂ組だとわかる。
(3) 文脈から helpful「役に立つ」が適切。

# PROGRAM 2　Word Web ② / Steps 1 / アクションコーナー

## ● Check　pp.14 ～ 15

1 (1) watch　(2) don't draw

2 (1) three apples　(2) boxes

3 (1) Do, play / do　(2) When do

4 (1) What day / Thursday　(2) How's / It's

**解説**

**1**(1)「(テレビを)見る」は watch。主語のあとに動詞を続ける。

(2)「(絵を)描く」は draw。一般動詞の否定文は，動詞の前に do not を置く。空所の数から，do not の短縮形 don't を使う。

**2**(1)「3個」なので，apple を複数形にする。-s をつけて apples とする。

(2) box の複数形は -es をつけて boxes とする。

**3**(1) 一般動詞の疑問文は，do を主語の前に置く。答えるときも do を使う。

(2)「いつ」When を文頭に置いて，一般動詞の疑問文〈do＋主語＋動詞 ～?〉を続ける。

**4**(1) 曜日をたずねるときは，What day is it today? で表す。

(2) 天気をたずねるときは，How is the weather today? で表す。How is の短縮形は How's。天気を表す文の主語は it を使う。

## まとめテスト●第1回　pp.16～17

**1** オ

**2** (1) 閉じる，閉める
(2) 栽培する，育てる　(3) often
(4) Saturday

**3** (1) Yes, let's　(2) very much / How about
(3) at night　(4) after school
(5) in, morning

**4** (1) study　(2) Do　(3) don't　(4) apples

**5** (1) I do not go to the library on weekends.
(2) Do you want two eggs?
(3) What day is it today?

**6** (1) I don't[do not] like math.
(2) When do you take a bath?

**7** (1) I draw pictures
(2)(a) 絵を描き
(b) ノート［ぱらぱらマンガ］/ すばらしい芸術家

**台本**

**1** Yuki: Hi, I'm Yuki. I like sports. I play tennis every day.

《和訳》由紀「こんにちは，私は由紀です。私はスポーツが好きです。私は毎日テニスをします」

**解説**

**3**(1) Let's ～.「～しましょう。」という誘いに応じるときは Yes, let's. で表す。

(2)「～が大好きである」＝ like ～ very much,「～はどうですか。」＝ How about ～?

(3)「夜に」＝ at night

(4)「放課後」＝ after school

(5)「午前(中)に」＝ in the morning

**4**(1)～(3) be 動詞と一般動詞は同じ文で使えないことに注意。

(1) I ＝ English の関係ではないので，study を選び「英語を勉強する」とする。

(2) cook があるので，一般動詞の疑問文。

(3) drink があるので，一般動詞の否定文。動詞の前に don't がくる。

(4) 直前に複数を表す some がある。apple は数えられる名詞なので apples と複数形が適切。

**5**(1)「～に行く」は go to ～で表す。否定文なので，動詞(go)の前に do not を置く。

(2) 一般動詞の疑問文は〈Do＋主語＋動詞 ～?〉で表す。

**6**(1)「私は数学が好きではありません」という文を作る。〈I do not＋動詞 ～.〉で表す。

(2)「あなたはいつふろに入りますか」という文を作る。「いつ」When を文頭に置いて，一般動詞の疑問文〈do you＋動詞 ～?〉を続ける。

**7**(1)「真央，あなたは毎日何をしますか」1行目参照。

(2)(a) 2行目参照。
(b) 3～4行目参照。

## まとめテスト●第2回　pp.18～19

**1** (1) 好き　(2) 放課後

**2** (1) 火曜日　(2) 夕食
(3) picture　(4) write

**3** (1) Look at　(2) every day

(3) in, afternoon (4) go shopping

4 (1) I have three notebooks.
(2) I don't[do not] use a computer.
(3) No, I don't[do not].

5 (1) I don't practice the guitar on Sunday.
(2) Do you wash your face before breakfast?

6 (1) I have two watches.
(2) It's[It is] cloudy.

7 (1) ア (2) Yes, I do
(3) 明日，バスケットボール

**台本**

1 Girl: Do you like dogs, Jun? / Jun: Yes, I do. / Girl: When do you walk your dog? / Jun: I walk my dog after school.
《和訳》女の子「あなたはイヌが好きですか，純」 純「はい，好きです」 女の子「あなたはいつ，あなたのイヌを散歩させますか」 純「ぼくは放課後にぼくのイヌを散歩させます」

**解説**

3(1)「～を見る」＝look at ～
(2)「毎日」＝every day
(3)「午後に」＝in the afternoon
(4)「買い物に行く」＝go shopping

4(1) a を three にするので，notebook（ノート）を複数形 notebooks にする。
(2) 一般動詞の否定文は動詞の前に do not [don't] を置く。
(3) Do you ～? に No で答えるときは，No, I don't[do not]. とする。

5(1) 一般動詞の否定文は動詞(practice)の前に don't を置く。楽器名の前には the を置く。
(2) 一般動詞の疑問文は〈Do＋主語＋動詞 ～?〉の語順。

6(1)「私は腕時計を２つ持っています」という文を作る。I have のあとに two watches を続ける。
(2) 天気を表す文の主語は it を使い，It's[It is] ～. で表す。

7(1) 直前のダニエルの発言を参照。「いつ」と時をたずねているので，ア「昼休みの間に」が適切。
(2)「エミリー，あなたはバスケットボールが好きですか」２行目参照。Do you ～? には do を使って答える。
(3) ５～７行目参照。

## 定期テスト予想問題１●第１回 pp.20 ～ 21

1 (1)(a) ア (b) イ (c) イ (2) イ

2 (1) Look at (2) go shopping

3 (1) エ (2) ア

4 （例）Yes, I am. / No, I'm[I am] not.

5 (1) Are you a new student?
(2)② イ ④ ウ
(3)（例）体育館に行きたいと言ったら，健がいっしょに行こうと言ってくれたから。
(4) I'm from
(5)(a) ○ (b) × (c) ○

**台本**

1 (1)(a) Girl: Do you run after school? / Boy: No. I play soccer after school. / Girl: When do you run? // ア Before breakfast. / イ With my friend. / ウ In the park.
(b) Boy: I'm not from this city. / Girl: Really? Where are you from? / Boy: I'm from Midori City. How about you? // ア I'm not quiet. / イ I'm from this city. / ウ I want to go to Midori City.
(c) Boy: I know a nice sports shop. / Girl: That's good. I want some tennis balls. / Boy: Let's go tomorrow. // ア On weekends. / イ Yes, let's. / ウ Yes, I do.
(2) Girl: Hi, I'm Kumi. My sister and I like fruit. We eat bananas for breakfast and apples for a snack. We eat peaches after dinner too.
Question：What fruit do the girls eat for breakfast?
《和訳》(1)(a)女の子「あなたは放課後に走りますか」 男の子「いいえ。ぼくは放課後にサッカーをします」 女の子「あなたはいつ走りますか」 ア「朝食の前です」 イ「ぼくの友だちといっしょに」 ウ「公園で」

(b) 男の子「ぼくはこの市の出身ではありません」 女の子「ほんとうですか。あなたはどこの出身ですか」 男の子「ぼくはみどり市出身です。あなたはどうですか」 ア「私は静かではありません」 イ「私はこの市の出身です」 ウ「私はみどり市へ行きたいです」

(c) 男の子「ぼくはよいスポーツショップを知っています」 女の子「それはいいですね。私はテニスボールがいくつかほしいです」 男の子「明日，行きましょう」 ア「毎週末に」 イ「はい，そうしましょう」 ウ「はい，します」

(2) 女の子「こんにちは，私は久美です。私の姉[妹]と私はくだものが好きです。私たちは朝食にバナナを食べて，おやつにリンゴを食べます。私たちは夕食後にモモも食べます」 質問「女の子たちは朝食になんのくだものを食べますか」

**解説**

**3** (1) 息子「おはよう，お母さん。今日の天気はどうですか」 母親「くもりです。遠足を楽しんで」 エが正解。ア「水曜日です」イ「4月12日です」ウ「8時30分です」

(2) 男性「トマトがほしいですか」 女性「2つください」 アが正解。イ「私はトマトを持っていません」ウ「私はリンゴが好きです」エ「私は昼食にピザを作ります」

**4** 質問は「あなたはテニスファンですか」という意味。Are you ～? には，Yes, I am. または No, I'm[I am] not. で答える。

**5** (1) 直後でエミリーがYes, I am. と答えていることに注目して，be動詞の疑問文と考える。Are you ～? = 「あなたは～ですか。」

(2) ②エミリーの「体育館に行きたい」に対する応答。直後で「行こう」と言っているので，I see.「なるほど[そうなんですね]。」が適切。

④エミリーの「あなたはとても役に立つわね」に対して No problem.「どういたしまして。」と言うのが適切。

(3) 下線部の前の内容を把握する。「役に立つ，助けになる」と感じたのは，「体育館に行きたい」と言うエミリーに，健は「行こう」と快く応じているから。

(4)「あなたはどこの出身ですか」に答える。I'm from ～.「私は～の出身です。」で表す。

(5)(a) 2～3行目参照。 (b) 4～5行目参照。 (c) 7行目参照。

## 定期テスト予想問題1●第2回 pp.22～23

**1** (1)(a) ウ (b) ウ (c) ア (2) エ

**2** (1) in, morning (2) Thanks for

**3** (1) ウ (2) イ

**4** (例) I have two books (in the bag). / I have a book and three notebooks (in the bag).

**5** (1) ウ
(2) When do you play basketball?
(3) basketball
(4) Yes, let's
(5) Yes, am

**台本**

**1** (1)(a) Boy: Do you like sports? / Girl: Yes. I like badminton. / Boy: Do you play badminton every day? // ア No, it's rainy. / イ No, I'm a badminton fan. / ウ No, I don't.

(b) Boy: I like hamburgers very much. / Girl: I see. Do you often go to a hamburger shop? / Boy: Yes. What food do you like, Saki? // ア Science. / イ Yellow. / ウ Curry and rice.

(c) Girl: Hi, I'm Sue. I'm in 1-A. / Man: Oh, you're Sue. I'm Bob Jackson. / Girl: Are you a new teacher, Mr. Jackson? // ア Yes, I am. / イ Yes, I do. / ウ Yes, you are.

(2) Boy: I like baseball. I practice baseball on Tuesday, Thursday and Saturday. Today is Thursday. But it's rainy today. So we don't play baseball today.
Question : What day is it today?

《和訳》(1)(a)男の子「あなたはスポーツが好きですか」 女の子「はい。私はバドミントンが好きです」 男の子「あなたは毎日バドミントンをしますか」 ア「いいえ，雨です」 イ「いいえ，私はバドミントンのファンです」 ウ「いいえ，しません」

(b) 男の子「ぼくはハンバーガーが大好きです」 女の子「なるほど。あなたはよくハンバーガー店へ行きますか」 男の子「はい。あなたはなんの食べものが好きですか，早紀」 ア「理科です」 イ「黄色です」 ウ「カレーライスです」

(c) 女の子「こんにちは，私はスーです。私は1年A組です」 男性「ああ，あなたはスーですね。ぼくはボブ・ジャクソンです」 女の子「あなたは新しい先生ですか，ジャクソン先生」 ア「はい，私はそうです」 イ「はい，私はします」 ウ「はい，あなたはそうです」

(2) 男の子「ぼくは野球が好きです。ぼくは火曜日，木曜日，土曜日に野球を練習します。今日は木曜日です。しかし，今日は雨です。だからぼくたちは今日，野球をしません」
質問「今日は何曜日ですか」

**解説**

**3** (1) 男の子「きみはすばらしい芸術家ですね。どこで絵を描きますか」 女の子「たいてい公園で描きます」 ウが正解。ア「どんな色を使いますか」イ「絵が好きですか」エ「いつ絵を見ますか」

(2) 母親「夕食に何が食べたいですか」 息子「日本食を食べたいです。お母さん，とてもおなかがすきました」 イが正解。ア「いいえ，夕食は食べません」ウ「朝食が食べたいです」エ「あなたはとてもまじめです」

**4** 質問は「あなたはかばんに何を持っていますか」という意味。疑問詞のある疑問文にはYes / Noでは答えない。何を持っているかをI have ～.の形で表す。〔解答例の訳〕私は(かばんに) 2冊の本を持っています。／私は(かばんに) 1冊の本と3冊のノートを持っています。

**5** (1) Do ～? にはdoを使って答える。「スポーツは好きですか」に対しての応答。直後に「バスケットボールが大好き」とあるので，Yesで答えたと考える。

(2) 疑問詞whenと一般動詞playがあることに注目。Whenを文頭に置き，一般動詞の疑問文の形〈do＋主語＋動詞 ～?〉を続ける。

(3) 話の流れから，いっしょに「バスケットボール」をしようと言っていると考える。

(4) Let's ～.「～しましょう。」に応じるときはYes, let's.と答える。

(5)「エミリー，あなたはバスケットボールのファンですか」2行目参照。

## PROGRAM 3 Step 2 / Our Project ① / Power-Up 1

### ● Check pp.24 ～ 25

**1** (1) can speak (2) can't[cannot] play
(3) can't[cannot] eat[have]

**2** (1) Can, dance (2) No, can't[cannot]
(3) Can, draw / Yes, can
(4) What can, cook
(5) can cook

**3** (1) How much / please
(2) How much

**解説**

**1** (1)「～することができる。」は，主語が何でも〈can＋動詞〉の形で表す。

(2)(3)「～することができない。」という否定文は，動詞の前にcan't[cannot] を置く。

**2** (1)「～することができますか。」という疑問文は，〈Can＋主語＋動詞 ～?〉で表す。

(2) Can ～? には，canを使って答える。Noで答えるときは，can'tまたはcannotを使う。

(3) 主語の前にcanを置く。「(絵を)描く」はdraw。

(4)「何を」Whatで文を始めて，canの疑問文の形〈can＋主語＋動詞 ～?〉を続ける。「料理する」はcook。

(5) 疑問詞のある疑問文には，疑問詞が表す意味（ここでは「何を」）に対して具体的な内容を答える。

**3** (1) 値段をたずねるときは，How much ～? で表す。

(2) 具体的なものを指し示して値段をたずねるときは，How much is this[that] ～? のように言う。

## まとめテスト●第1回 pp.26 ～ 27

1 ア

2 (1) みなさん，だれも，みな
(2) おじ (3) guitar (4) change

3 (1) Can I (2) Here, are (3) have, time
(4) from, to

4 (1) can (2) Can (3) can't (4) What
(5) much

5 (1) My brother can't write *kanji*.
(2) My dog can catch a ball.
(3) What can you cook?

6 (1) I can't[cannot] run fast.
(2) Can you speak English?

7 (1) イ (2)(a) ○ (b) ×

**台本**

1 Ann: I like summer. But I can't swim. / Tom: Really? I like winter. But I can't ski. / Ann: I can ski!
《和訳》アン「私は夏が好きです。しかし，私は泳ぐことができません」 トム「ほんとうですか。ぼくは冬が好きです。しかし，ぼくはスキーをすることができません」 アン「私はスキーをすることができます」

**解説**

3 (1)「～してもいいですか。」と許可を求めるときは，Can I ～? で表す。
(2) 相手に物を渡すときに「はい，どうぞ。」と言うときは，Here you are. で表す。
(3)「すばらしい時を過ごす」＝ have a great time
(4)「～から…まで」＝ from ～ to …

4 (1) 空所のあとに一般動詞 run があるので，be 動詞はいっしょに使えない。
(2)「あなたのお姉さん[妹]は自転車に乗ることができますか」空所のあとに一般動詞 ride があるので，be 動詞はいっしょに使えない。
(3)「武史は牛乳を飲むことができません」空所のあとに一般動詞 drink があるので，be 動詞はいっしょに使えない。
(4)「私たちはパンダを見ることができます」と答えているので，「何を」What を選ぶ。
(5) How much ～? は値段をたずねる表現。How many ～? は物の数をたずねる表現。

5 (1)「～することができない。」は動詞(write)の前に can't を置く。
(2)「～することができる。」は動詞(catch)の前に can を置く。
(3)「何を～できますか。」は疑問詞 What を文頭に置いて，can の疑問文の形〈can＋主語＋動詞 ～?〉を続ける。

6 (1)「～することができない。」は〈can't[cannot]＋動詞〉で表す。
(2)「～することができますか。」は〈Can＋主語＋動詞 ～?〉で表す。

7 (1) 空所の前後の文の意味をとらえる。「私はギターをひくことができません。でも，じょうずに歌を歌えます」逆の意味を表す But が適切。
(2)(a) 1行目参照。〈Let's＋動詞 ～.〉は相手を誘う表現。
(b) 2～4行目参照。

## まとめテスト●第2回 pp.28 ～ 29

1 できること みそ汁作り
できないこと スパゲッティ作り

2 (1) 店員 (2) 級友，クラスメート
(3) their (4) large

3 (1) on TV (2) For, or to
(3) Let's practice, hard (4) Can I

4 (1) My brother can sing English songs.
(2) I can't[cannot] swim fast.
(3) What can they use during lunch break?

5 (1) We can enjoy fireworks in summer.
(2) How much is this?

6 (1) Can your sister play the piano?
(2) I can't[cannot] skate well.

7 (1) 日本人のダンサー

(2)(a) アメリカのタレントショーを見る
(b) エビケンのように踊ろう

**台本**

1　Boy: Can you cook spaghetti, Akari? / Akari: No, I can't. But I like spaghetti. / Boy: What can you cook? / Akari: I can cook *miso* soup.
《和訳》男の子「あなたはスパゲッティを料理することができますか，あかり」 あかり「いいえ，できません。しかし，私はスパゲッティが好きです」 男の子「あなたは何を料理することができますか」 あかり「私はみそ汁を料理することができます」

**解説**

3(1)「テレビで」＝ on TV
(2) ファーストフード店の店員の決まり文句。or は「または，それとも」という意味。
(3)「～を熱心に練習しましょう。」＝ Let's practice ～ hard.
(4)「～してもいいですか。」と許可を求めるときは，Can I ～？で表す。
4(1)「私の兄[弟]は英語の歌を歌うことができます」主語が何でも〈can＋動詞〉の形は変わらない。
(2)「～できない」なので，don't を can't[cannot] に変える。
(3)「コンピュータ」の部分をたずねるので，「何」を表す疑問詞 what を使う。what を文頭に置いて，疑問文の形〈can＋主語＋動詞～?〉を続ける。
5(1)「～することができる。」は動詞(enjoy)の前に can を置く。
(2)「～はいくらですか。」は疑問詞 how much を文頭に置いて，be 動詞の疑問文の形を続ける。
6(1)「あなたのお姉さんはピアノをひくことができますか」という文を作る。〈Can＋主語＋動詞 ～?〉の形。「ピアノをひく」＝ play the piano
(2)「～することができない」は〈can't[cannot]＋動詞（skate)〉で表す。「じょうずに」という意味の well を文の最後に置く。
7(1) 下線部の直前を参照。「あなたはエビケンという日本人のダンサーを知っていますか」
(2)(a) 1行目参照。
(b) 5行目参照。like ～はここでは「～のように」という意味。「好きだ」という意味の動詞ではないことに注意。

## PROGRAM 4

### ● Check　pp.30 ～ 31

1　(1) This is　(2) That, not my　(3) Is this
(4) Is that / it isn't[it's not], It's

2　(1) Who is / He is　(2) This is / She's
(3) Is he / he isn't[he's not]
(4) She isn't[She's not]
(5) Who is　(6) Who is / He's

**解説**

1(1)「これは～です。」は This is ～. で表す。
(2)「あれは～ではありません。」は is のうしろに not を置き，That is not ～. で表す。「私の」は my で表す。
(3)「これは～ですか。」は is を this の前に出し，Is this ～? で表す。
(4)「あれは～ですか。」は is を that の前に出し，Is that ～? で表す。答えの文では it を使う。it is の短縮形は it's。
2(1)「だれ」を表す Who を文頭に置いて，疑問文の形〈be 動詞＋主語？〉を続ける。答えの文の主語は代名詞にする。
(2)「こちらは～です。」と人を紹介するときは，This is ～. で表す。2文目は空所の数から She is の短縮形 She's を使う。
(3) He is ～.「彼は～です。」の疑問文は，be 動詞(is)を主語(he)の前に出す。
(4)「彼女は～ではありません」は is のうしろに not を置く。空所の数から She is not の短縮形 She isn't[She's not] を使う。
(5)「～はだれですか。」は Who is ～? で表す。
(6) He is の短縮形は He's。

## まとめテスト●第1回　pp.32 ～ 33

1 ア

2 (1) (時間などを)省く
(2) 役に立つ　(3) ほほ笑む，笑う
(4) answer　(5) person　(6) culture

3 (1) like　(2) That's right　(3) in
(4) want to

4 (1) it　(2) is not　(3) What's / It's
(4) he　(5) Who

5 (1) Is that a hospital?
(2) She is not a high school student.

6 (1) Is this your umbrella?
(2) Who is that man?

7 (1) 墨[インクスティック]，かたい
(2) ウ
(3) 1. すずり，水
2. すずり，墨を磨《す》る

**台本**

1 Boy: Is that a dog? / Girl: No, it isn't. It's a cat.
《和訳》男の子「あれはイヌですか」 女の子「いいえ，ちがいます。それはネコです」

**解説**

3(1)「～のように」= like ～
(2)「そのとおりです」= that's right
(3) in は「～を身につけて」という意味を表す。
(4)「～したい」= want to ～

4(1) Is this ～? に答えるときは，this を it で受ける。
(2) 主語が That なので，否定文は That is not ～. で表す。
(3) What's は What is，It's は It is の短縮形。
(4) your father を答えの文では he で受ける。
(5)「彼は人気のあるコメディアンです」と答えているので，「だれ」であるかをたずねる Who が適切。

5(1)「あれは～ですか。」は Is that ～? で表す。
(2)「彼女は～ではありません。」は She is not ～. で表す。

6(1)「これはあなたのかさですか」という英文を作る。Is this ～? で表す。「あなたのかさ」= your umbrella
(2)「あの男の人はだれですか」という英文を作る。Who is ～? で表す。

7(1) 直後の1文を参照。「これ(＝墨)はほんとうにインクですか」とたずねたのは，インクは本来液状なのに，墨はかたいから。
(2) 墨の磨りかたを教えてもらったあとの発言なので，I see.「なるほど」が適切。
(3) 下線部②は「大変な仕事」という意味。手順は4，6行目参照。

## まとめテスト●第2回　pp.34 ～ 35

1 イ

2 (1) 押す　(2) 野菜　(3) 本物の
(4) work　(5) bird　(6) woman

3 (1) got it　(2) I see

4 (1) This isn't[is not] my towel.
(2) Is he thirteen years old?
(3) What's[What is] that?
(4) No, it is not[it isn't，it's not].

5 (1) Is this your notebook?
(2) Who is your English teacher?

6 (1) This is my sister. She's[She is] a nurse.
(2) That is not[That's not，That isn't] an eraser.

7 (1) 読みふだ，取りふだ
(2) 小野小町，有名な歌人[詩人]
(3) イ

**台本**

1　Bob: Who is that girl? / Haruka: The girl in the tennis court?　She is my friend, Mika. / Bob: I see.
《和訳》ボブ「あちらの女の子はだれですか」春香「テニスコートにいる女の子ですか。彼女は私の友だちの美香です」　ボブ「なるほど」

**解説**

**3**(1)「わかりました。」= I got it.
(2)「なるほど[そうですか]。」= I see.

**4**(1) 否定文は be 動詞(is)のうしろに not を置く。
(2) He's は He is の短縮形。疑問文は is を主語の前に出す。
(3)「何」であるかをたずねる文にするので，What を文頭に置き，疑問文の形 is that? を続ける。
(4) Is that ～? に No で答えるときは，that を it で受けて，No, it is not[it isn't，it's not]. とする。

**5**(1)「これは～ですか。」は Is this ～? で表す。「あなたのノート」= your notebook
(2)「～はだれですか。」は Who is ～? で表す。「あなたの英語の先生」は your English teacher の語順。

**6**(1) 人を「こちらは～です。」と紹介するときは This is ～. で，「彼女は～です。」は She is ～. で表す。
(2)「あれは消しゴムではありません。」という文を作る。That is not ～. で表す。eraser の前には an を置く。

**7**(1) かるたの「2つの型[タイプ]」は3行目参照。
(2) 名前は5行目，どのような人であるかは最後の行参照。
(3)「彼女は王女ですか」に対する答えが入る。空所の直後に「有名な歌人」とあるので，王女ではない。イ No, she isn't. が適切。

## Power-Up 2

### ● Check　pp.36 ～ 37

**1**　(1) Which，yours，or　(2) is
(3) Which，is Takeshi's，or
(4) one is
(5) Which，is，one，or

**2**　(1) Whose，is　(2) mine
(3) Whose guitar is　(4) my father's
(5) Whose cats are
(6) They are Chika's

**解説**

**1**(1)「A と B ではどちらが～ですか。」は〈Which ～, A or B?〉の形で表す。「あなたのもの」= yours
(2)〈Which ～, A or B?〉には A または B で答える。〈～〉が be 動詞の文なので，〈A [B] + is.〉で答える。
(3)「～(名前)の」は〈人の名前・人を表す名詞 + 's〉で表す。
(4) one は前に出てきた単数の名詞の代わりをする語。

**2**(1)「～はだれの…ですか。」は〈Whose + 名詞 + be 動詞 + 主語 ?〉で表す。
(2)「私のもの」= mine
(3) Whose guitar「だれのギター」で文を始め，be 動詞は is にする。
(4)「私の父のもの」は my father's で表す。
(5) these があるので，cats と複数形にする。Whose cats「だれのネコ」で文を始め，be 動詞は are にする。
(6)「チカのもの」は Chika's で表す。

### まとめテスト●第1回　pp.38 ～ 39

**1**　イ

**2**　(1) あなたのもの　(2) 欠席の
(3) these　(4) other

**3**　(1) ウ　(2) ア

**4**　(1) It's，mother's　(2) one is

(3) mine

5 (1) Whose pictures are these?
(2) That jacket is my brother's.
(3) Which bike is new, yours or Ken's?

6 (1) Which bag is yours, the red one or the black one?
(2) Whose cup is this?

7 (1) ウ (2) Yes, he is
(3)(a) 明るい青色[水色] (b) 大介のもの

**台本**

1 Boy: Kumi, which dog is yours, the big one or the small one? / Kumi: The small one is.
《和訳》男の子「久美，大きいものと小さいもの，どちらがあなたのイヌですか」 久美「小さいものです」

**解説**

3(1) 男の子「ああ，あれはいいピアノです。あなたのものですか」 女の子「いいえ，それは私のものではありません。姉［妹］のものです」 ウが正解。ア「はい，それは私のものです」イ「はい，それはあなたのものです」エ「いいえ，それはあなたのものではありません」
(2) 女の子「木の下に2匹のイヌがいます。どちらがあなたのイヌですか」 男の子「白いイヌです」 アが正解。イ「あなたのイヌはどこにいますか」ウ「それらは何ですか」エ「それらのイヌはだれのものですか」

4(1) 質問は「これはだれのペンですか」という意味。It's ～. で持ち主を答える。「私の母のもの」は my mother's で表す。
(2) 質問は「この車とあの車とどちらがあなたのお父さんの車ですか」という意味。〈A［B］+is.〉で答える。
(3) 質問は「それらはだれの本ですか」という意味。「私のもの」は mine で表す。

5(1) 〈Whose+名詞+be動詞+主語？〉で表す。
(2)「あの上着は～です。」は That jacket is ～. で表す。「私の兄のもの」= my brother's
(3)「AとBではどちらが～ですか。」は〈Which ～, A or B?〉の形で表す。

6(1)「赤いかばんと黒いかばんのどちらがあなたのものですか」という文を作る。Which bag is yours とし，〈A or B〉を続ける。
(2)「これはだれのカップですか」という文を作る。Whose cup で文を始め，is this? を続ける。

7(1) 果歩が直後に「それは大介のものです」と持ち主を答えているので，Whose が適切。
(2)「大介は今日，欠席していますか」4行目参照。答えの文では Daisuke を he で受ける。
(3)(a) 2行目参照。 (b) 3～4行目参照。

## まとめテスト●第2回 pp.40～41

1 (1) イ (2) ウ

2 (1) これらは[が] (2) 両方 (3) light
(4) yours

3 (1) ウ (2) イ

4 (1) The white one is.
(2) This notebook is yours.
(3) Whose uniforms are they?

5 (1) Which boy is your brother, this one or that one?
(2) Whose desk is that?

6 (1) Is this ruler yours?
(2) Which computer is yours, this one or that one?

7 (1) 黒，名前，大きさ (2) your bag
(3) The small one is

**台本**

1(1) Girl: Naoki, whose cup is this? / Boy: That's mine.
(2) Boy: Whose umbrella is that? Is it yours? / Girl: No, it isn't. It's Mary's.
《和訳》(1)女の子「直樹，これはだれのカップですか」 男の子「それはぼくのものです」
(2) 男の子「あれはだれのかさですか。それはあなたのものですか」 女の子「いいえ，ちがいます。それはメアリーのものです」

**解説**

**3**(1) 女の子「青いものと黄色のものとどちらがあなたのかさですか」 男の子「黄色いものです」 ウが正解。ア「ぼくはその色が好きではありません」イ「それは健のものです」エ「その青いものは新しいです」

(2) 男の子「これはぼくのぼうしではありません。それはだれのものですか」 女の子「それは健司のものです」 イが正解。ア「それは何ですか」ウ「ぼくのものはどこですか」エ「健司はだれですか」

**4**(1) 選択肢の〈A or B〉から，A is. または B is. で答える。

(2)「これはあなたのノートです」→「このノートはあなたのものです」「あなたのもの」＝yours

(3) 持ち主をたずねるときは〈Whose＋名詞＋be動詞＋主語？〉で表す。

**5**(1)〈Which＋名詞 ～, A or B?〉の形。

**6**(1)「この定規はあなたのものですか」という文を作る。主語は this ruler。主語の前に is を置いて疑問文にする。

**7**(1) 1，5行目からは，どちらも名前が書いておらず，黒いかばんだとわかる。6行目に「ぼくのは小さいかばんです。でも大きいのはぼくのではありません」とあることから，大きさが違うことがわかる。

(2) yours は〈your＋名詞〉を1語で表す。

(3)「小さいかばんと大きいかばんのどちらが純のものですか」6行目参照。

## 定期テスト予想問題2●第1回 pp.42 ～ 43

1 (1)(a) イ　(b) ウ　(c) イ　(2) ウ

2 (1) from, to　(2) Have, at

3 (1) エ　(2) ウ

4 (例) He is my uncle, Takashi.

5 (1) an　(2) ウ　(3) What
(4)(a) He is　(b) Yes, she can
(5) ウ

**台本**

**1**(1)(a) Woman: Next, please. / Boy: Can I have a cheeseburger and a small apple juice, please? / Woman: For here or to go? // ア Here you are. / イ For here, please. / ウ Thank you.

(b) Girl: Are you from Canada, Ben? / Boy: Yes. They are my father and mother. Both are in Canada. / Girl: Who is this woman? // ア She's in this picture. / イ She's fine. / ウ She's my aunt.

(c) Boy: Do you have these dogs? / Girl: No. One is mine, and the other one is Kumi's. / Boy: Which dog is yours, the big one or the small one? // ア I like dogs very much. / イ The big one is. / ウ It's my favorite one.

(2) Girl: Mr. Smith is our English teacher. He is from Australia. He is a rugby fan. He can swim fast.
Question：What can Mr. Smith do?

《和訳》(1)(a)女性「次のかた，どうぞ」男の子「チーズバーガーを1つと，小さいリンゴジュースを1ついただけますか」 女性「こちらでお召し上がりになりますか，お持ち帰りになりますか」 ア「はい，どうぞ」 イ「ここで食べます」 ウ「ありがとうございます」

(b) 女の子「あなたはカナダ出身ですか，ベン」男の子「はい。彼らはぼくの父と母です。2人ともカナダにいます」 女の子「こちらの女性はだれですか」 ア「彼女はこの写真の中にいます」 イ「彼女は元気です」 ウ「彼女はぼくのおばです」

(c) 男の子「あなたはこれらのイヌを飼っていますか」 女の子「いいえ。1匹は私のものですが，もう1匹は久美のものです」 男の子「大きいものと小さいもの，どちらのイヌがあなたのものですか」 ア「私はイヌが大好きです」イ「大きいものです」 ウ「それは私のお気に入りのものです」

(2) 女の子「スミス先生は私たちの英語の先生です。彼はオーストラリア出身です。彼はラグビーのファンです。彼は速く泳ぐことができます」
質問「スミス先生は何をすることができますか」

**解説**

3(1) 女の子「窓のそばにいるあの男の人を見て。彼は新しい先生ですか」 男の子「はい。あちらはスミス先生です」 エが正解。ア「いいえ，彼はできません」イ「彼らは親切です」ウ「はい，(彼女は)そうです」

(2) 男の子「このノートを買いたいです。いくらですか」 女性「150円です」 ウが正解。ア「あなたはそれを使いますか」イ「あれは何ですか」エ「あれはあなたのノートですか」

4 質問は「この男の人はだれですか」という意味。this man を he で受けて He is ～. の形で，自分との関係やその人の職業など，だれであるかを答える。〔解答例の訳〕彼は私のおじの隆司です。

5(1) 直後の American talent show が単数であること，母音で始まることから an が適切。

(2) Yes, I can. と答えているので，Can you ～? で質問したとわかる。

(3) 空所のうしろに can の疑問文が続いているので，疑問詞が入ると考える。直後で真央が「盆踊りを踊れる」と何を踊れるかを具体的に答えているので，What を入れる。

(4)(a)「エビケンとはだれですか」3行目参照。He is ～. で答える。

(b)「真央は盆踊りを踊ることができますか」最終行参照。Can ～? には〈Yes, 主語＋can.〉または〈No, 主語＋can't[cannot].〉で答える。

(5)ア 1行目参照。ダニエルは日本ではなくアメリカのタレントショーを見ている。 イ 3行目参照。EBIKEN は日本人。 ウ 3～4行目参照。本文の内容に合う。 エ 5行目参照。エビケンのように踊ろうと誘っている。

## 定期テスト予想問題2●第2回 pp.44～45

1 (1)(a) ア (b) イ (c) イ (2) ア

2 (1) Can I (2) have, time

3 (1) イ (2) ウ

4 (例) I can go there [to the library] after school [tomorrow / on Saturday].

5 (1)(a) water (b) ink stick (c) inkstone
(2)② 墨［インクスティック］ ⑥ 墨汁
(3) ア
(4) That is
(5) 時間を省くことができる。

**台本**

1 (1)(a) Boy: Let's play tennis on Saturday. / Girl: Sorry, I can't. It's my mother's birthday. / Boy: That's good. What do you do for your mother? // ア I make a cake. / イ That's very exciting. / ウ She is forty.

(b) Girl: Do you study Japanese, Kent? / Boy: Yes. Every day. / Girl: Can you read a Japanese newspaper? // ア That's right. / イ No, I can't. / ウ Yes, you're kind.

(c) Girl: Is this your computer? / Boy: No. I don't have a computer. / Girl: Then, whose computer is this? // ア That's not mine. / イ It's my brother's. / ウ On my desk.

(2) Boy: Hi, I'm Ken. This is my friend, Jun. We go to school together every day. He is in the *judo* club. He is strong but very shy.
Question：Who is Jun?

《和訳》(1)(a)男の子「土曜日にテニスをしましょう」 女の子「すみません，できません。私の母の誕生日なのです」 男の子「それはいいですね。あなたはあなたのお母さんのために何をしますか」 ア「私はケーキを作ります」イ「それはとてもわくわくします」 ウ「彼女は40歳です」

(b) 女の子「あなたは日本語を勉強しますか，ケント」 男の子「はい。毎日です」 女の子「あなたは日本語の新聞を読むことができますか」 **ア**「そのとおりです」 **イ**「いいえ，できません」 **ウ**「はい，あなたは親切です」

(c) 女の子「これはあなたのコンピュータですか」 男の子「いいえ。ぼくはコンピュータを持っていません」 女の子「では，これはだれのコンピュータですか」 **ア**「それはぼくのものではありません」 **イ**「それはぼくの兄のものです」 **ウ**「ぼくの机の上です」

(2) 男の子「こんにちは，ぼくは健です。こちらはぼくの友だちの純です。ぼくたちは毎日いっしょに学校へ行きます。彼は柔道部に入っています。彼は強いですが，とても恥ずかしがり屋です」
質問「純とはだれですか」

**解説**

**3**(1) 女の子「健，あの黒いぼうしが見えますか。あれはだれのぼうしですか」 男の子「ああ，ぼくのものです」 **イ**が正解。**ア**「それはあなたのものではありません」**ウ**「それはぼくの大好きな色です」**エ**「ぼくは赤いものがほしいです」

(2) 男の子「エミリーはあなたのクラスの新入生ですね。彼女はどこの出身ですか」 女の子「彼女はオーストラリアの出身です」 **ウ**が正解。**ア**「彼女はかしこいです」**イ**「彼女は剣道部に入っています」**エ**「彼女は生徒です」

**4** 質問は「あなたはいつ私といっしょに図書館に行くことができますか」という意味。疑問詞のある疑問文には Yes / No では答えない。When「いつ」には時を答える。〔解答例の訳〕私はそこへ［図書館へ］放課後［明日／土曜日に］行くことができます。

**5**(1) 下線部①の ink は(液状の)墨を表す。ink stick を使って墨を作る手順は 4，6 行目を参照。「すずりに水を入れてください，そしてそれからそのすずりの上で墨［インクスティック］を磨ってください」

(2)② 直前の真央の発言の an ink stick を指す。
⑥ 直前のダニエルの発言の *Bokuju* を指す。

(3) 1つめの③は「かたい」という意味。2つめの③を含む文は「それは～仕事です」という意味。「仕事」は 4，6 行目の墨を磨る工程を表している。hard「大変な」が適切。

(4) That's は That is の短縮形。

(5) 墨汁を使うのは墨を磨るのが大変な仕事であるから，墨汁を使うことには，最終行にある「時間を省ける」という利点がある。

## PROGRAM 5 Word Web ③

● Check pp.46 ～ 47

**1** (1) stands (2) studies (3) does not speak
(4) doesn't eat［have］

**2** (1) Does，sing / does
(2) Does，enjoy / does
(3) Does，run / doesn't

**3** (1) July (2) winter

**解説**

**1**(1) 主語が三人称(I と you 以外)で単数のときは，動詞に -s または -es をつける。

(2) 主語が三人称・単数。study は y を i にかえて -es をつける。

(3) 主語が三人称・単数のとき，否定文は動詞の前に does not を置く。動詞は原形にする。「話す」は speak。

(4) 主語が三人称・単数のとき，〈does not + 動詞の原形〉の形。空所の数から does not の短縮形 doesn't を使う。

**2**(1) 主語が三人称・単数のとき，疑問文は主語の前に Does を置く。動詞は原形。答えるときも does を使う。

(2) 主語が三人称・単数のとき，疑問文は主語の前に Does を置く。動詞は原形。

(3) Does で始まる疑問文には does を使って答える。does not の短縮形は doesn't。

**3**(1)「7月」は July で表す。

(2)「冬」は winter で表す。

## まとめテスト●第1回　pp.48 ～ 49

1　ア

2　(1) 今日では，近ごろ　(2) 旅行をする
(3) 重要な　(4) February　(5) wear
(6) bicycle

3　(1) every morning　(2) take off
(3) member of　(4) is proud of

4　(1) Does / has　(2) do not　(3) Do
(4) doesn't　(5) live

5　(1) Does Becky wash her uniform every day?
(2) Mao does not know my family.
(3) What does Daniel eat for breakfast?

6　(1) My brother often swims in summer.
(2) When does Ken practice soccer?

7　(1) (通りに立って) 生徒たちを見守る仕事
(2) Yes, he does

**台本**

1　Sota: Tom is my friend.  He likes sports. He plays soccer.  He likes baseball. But he doesn't play baseball.
《和訳》奏太「トムはぼくの友だちです。彼はスポーツが好きです。彼はサッカーをします。彼は野球が好きです。しかし，彼は野球をしません」

**解説**

3 (1)「毎朝」= every morning
(2)「～をぬぐ」= take off ～
(3)「～の一員」= a member of ～
(4)「～を誇りに思う」= be proud of ～

4 (1) have「飼っている」があるので一般動詞の疑問文。主語 Takeshi は三人称・単数なので，Does が適切。答えの文では主語が he(三人称・単数)なので，has が適切。
(2) play があるので一般動詞の否定文。主語が複数なので do not が適切。
(3) walk があるので一般動詞の疑問文。主語 the students は複数なので Do が適切。
(4) Does ～? には does を使って答える。
(5) 疑問詞で始まる一般動詞の疑問文。疑問文では動詞は原形なので，live が適切。

5 (1)〈Does＋主語＋動詞の原形 ～?〉の形。
(2)〈主語＋does not＋動詞の原形 ～.〉の形。
(3) What「何」を文頭に置いて，疑問文の形〈does＋主語＋動詞の原形 ～?〉を続ける。

6 (1) often はふつう一般動詞の前に置く。主語が三人称･単数なので, swim に -s をつける。
(2) When「いつ」を文頭に置いて，疑問文の形〈does＋主語＋動詞の原形 ～?〉を続ける。

7 (1) 1～5行目では真央の祖父がしている仕事について話している。特にその内容を表しているのは2～3行目。
(2)「真央のおじいさんは月曜日から金曜日まで通りに立ちますか」3～5行目参照。毎日ではなく，週末は立たないので，月曜日から金曜日は立っていることになる。Yes で答える。

## まとめテスト●第2回　pp.50 ～ 51

1　(1) ピアノ　(2) カレーライス

2　(1) 季節　(2) 6月　(3) same
(4) abroad

3　(1) right　(2) at home　(3) on weekend(s)

4　(1) Meg goes to school with Miki.
(2) Ms. Miller doesn't［does not］sing well.
(3) Does David have a big brother?
(4) What does she want?

5　(1) He eats breakfast every morning.
(2) Emily does not wear shoes at home.
(3) Where does your sister go on Saturday morning?

6　(1) My uncle goes to the U.S. every August.
(2) Paul doesn't［does not］speak Japanese.

7　(1) ダニエル，ジュニア・セーフティ・パトロール［通学路巡視員］

(2) ア　(3) her job

台本

1 (1) Girl: Do you know Sam? / Boy: Yes, I do. / Girl: Does he play the piano? / Boy: Yes, he does. He plays the piano.

(2) Boy: Does Linda like omelets? / Girl: No, she doesn't. She likes curry and rice.

《和訳》(1)女の子「あなたはサムを知っていますか」 男の子「はい，知っています」 女の子「彼はピアノをひきますか」 男の子「はい，ひきます。彼はピアノをひきます」

(2) 男の子「リンダはオムレツが好きですか」 女の子「いいえ，好きではありません。彼女はカレーライスが好きです」

解説

3 (1)「～ですよね」＝～ right?

(2)「家に」＝ at home

(3)「週末に」＝ on weekend(s)

4 (1) 主語を三人称・単数にするので，go を goes にする。

(2) 主語が三人称・単数の否定文は動詞の前に doesn't[does not] を置いて，動詞を原形にする。

(3) 主語が三人称・単数の疑問文は主語の前に Does を置く。has を原形 have にする。

(4)「何を」What を文頭に置いて，疑問文の形〈does＋主語＋動詞の原形 ～?〉を続ける。

5 (2)〈主語＋does not＋動詞の原形 ～.〉の形。

(3) 疑問詞 Where を文頭に置いて，疑問文の形〈does＋主語＋動詞の原形 ～?〉を続ける。

6 (1)「私のおじは毎年８月にアメリカに行きます」という文を作る。主語が My uncle なので，go に -es をつける。「毎年８月に」＝ every August

(2)「ポールは日本語を話しません」という文を作る。主語が三人称・単数なので，否定文は〈does not[doesn't]＋動詞の原形〉で表す。「(言語を)話す」＝ speak

7 (1) １，３行目参照。

(2)「彼女(＝ジェニー)は仕事を楽しんでいますか」に答える。空所の直後に「彼女はそれを誇りにも思っています」とあるので，Yes が適切。Does ～? には does を使って答える。

(3) it が指すものは前からさがす。直前の健の発言の her job を指している。

## PROGRAM 6

### ● Check　pp.52 ～ 53

1 (1) He，our　(2) her　(3) We，him
(4) them　(5) theirs

2 (1) Why　(2) Because　(3) Why is
(4) Because　(5) Why　(6) Because
(7) Why does　(8) Because

解説

1 (1)「彼は」は主語にあたる部分で，He とする。「私たちの」は名詞の前に置かれて所有の意味を表すので，our とする。

(2)「彼女を」は動詞のうしろに置いて目的語になるので，her とする。

(3)「私たちは」は主語にあたる部分で，We とする。「彼を」は動詞のうしろに置いて目的語になるので，him とする。

(4)「彼ら」は前置詞 with のうしろなので，「彼らを」を表す形 them にする。

(5)「彼らのもの」は１語で所有を表す theirs とする。

2 (1)「なぜ～ですか。」は Why で文を始める。

(2) Why ～? には Because ～. で理由を答える。

(3)「なぜ」Why を文頭に置き，be 動詞の疑問文の形〈be 動詞＋主語 ～?〉を続ける。

(4) Why ～? に〈Because＋主語＋動詞 ～.〉で理由を答える。

(7)「なぜ」Why を文頭に置き，一般動詞の疑問文の形〈do[does]＋主語＋動詞の原形 ～?〉を続ける。

## まとめテスト●第１回 pp.54 ～ 55

1 イ

2 (1) 危険な (2) 親 (3) early
(4) musician

3 (1) get up (2) go to school
(3) way (4) you know

4 (1) it (2) her (3) Because (4) his

5 (1) Does your mother know me?
(2) Why do you cook dinner?
(3) Because my mother is busy.

6 (1) Why do you want to go to Spain?
(2) This school is ours.

7 (1)① Ken ② Jackson
(2)距離：fifteen kilometers
時間：two hours
(3)(a) He lives in Kenya
(b) Yes, he does

**台本**

1 Taku: Look at this picture, Mary. This is Linda. Do you know her? / Mary: No, I don't, Taku. Who's she? / Taku: She's Tom's sister.
《和訳》拓「この写真を見てください，メアリー。こちらはリンダです。あなたは彼女を知っていますか」 メアリー「いいえ，知りません，拓。彼女はだれですか」 拓「彼女はトムの姉妹です」

**解説**

3(1)「起きる」＝ get up
(2)「学校に行く」＝ go to school
(3)「まさか［そんなばかな］。」＝ No way!
(4)「～だよね。」＝～, you know.

4(1) English は単数を表す語で，動詞のうしろなので，「それを」を表す it を入れる。
(2) my grandmother は単数の女性を表す語で，動詞のうしろなので，「彼女を」を表す her を入れる。
(3) Why ～? には Because ～. を使って理由を答える。
(4)「これは健の自転車ですか」に No と答えていて，空所のうしろに名詞がないので，「いいえ，それは彼のものではありません」とする。１語で所有を表す his を入れる。

5(1)〈Does＋主語＋動詞の原形 ～?〉の形。
(2)「なぜ」Why を文頭に置いて，一般動詞の疑問文の形〈do［does］＋主語＋動詞の原形 ～?〉の形を続ける。
(3) Why ～? には Because ～. で理由を答える。〈～〉に「母は忙しい」を表す my mother is busy を入れる。

6(1)「あなたはなぜスペインに行きたいのですか」という文を作る。Why で文を始める。「～したい」は want to ～で表す。
(2)「この学校は私たちのものです」という文を作る。主語は this school。「私たちのもの」＝ ours

7(1) 健の発言なので，① me は Ken を指す。② him はエミリーと健が話題にあげている第三者である Jackson を指す。
(2) ５行目参照。距離は he runs and walks 15 kilometers，かかる時間は It takes two hours.
(3)(a)「ジャクソンはどこに住んでいますか」１行目の He は３行目で Jackson とわかる。
(b)「ジャクソンは毎朝走ったり歩いたりして学校に行きますか」５行目参照。

## まとめテスト●第２回 pp.56 ～ 57

1 ウ

2 (1) 運動選手，アスリート
(2) すべての人，だれでも
(3) ～の向こうに (4) across
(5) hour (6) movie

3 (1) エ (2) イ

4 (1) Her (2) him (3) its (4) his (5) We

5 (1) That bag is hers.
(2) Why do you get up early every morning?
(3) Because I practice tennis before classes.

6 (1) Tell me about them. [Please tell me about them. / Tell me about them, please.]
(2) Why do you like Japanese food?

7 (1)(a) amazing (b) dangerous
(2) ゾウがときどき子どもたちを襲うから。

**台本**

1 Sam: Why do you go to the park on Sundays? / Mari: Because I clean the park. / Sam: That's nice.
《和訳》サム「あなたはなぜ毎週日曜日に公園へ行くのですか」 真理「私は公園を掃除するからです」 サム「いいですね」

**解説**

**3**(1) 女の子「あなたと太一はクラスメートですか」 男の子「いいえ，違います。でもぼくは毎朝彼といっしょに学校へ通います」 you and Taichi は you が優先されて「あなたたち」となるので，答えの文では we で受ける。エが正解。
(2) 女の子「なぜあなたは図書館に行くのですか」 男の子「そこで英語を勉強するためです」 イが正解。ア「どの図書館を使いますか」ウ「どこで宿題をしますか」エ「図書館で何をしますか」

**4**(1) My sister は単数の女性を表す語で，空所のあとは「大好きなスポーツ」という意味。「彼女の」を表す Her を入れる。
(2) a brother は単数の男性を表す語。動詞のうしろに置くので「彼を」を表す him を入れる。
(3) this flower は単数のものを表す語。うしろに名詞があるので，「それの」を表す its を入れる。
(4)「私のおじは作家です。この本は～です」という意味。「彼の本」を入れると意味が通るが，空所のあとに名詞がないので，1語で所有を表す「彼のもの」his を入れる。
(5) Aki and I「亜紀と私」は I が優先されて「私たち」となる。2文目の文の主語になるので We を入れる。

**5**(1)「あのかばんは～です。」は That bag is ～. で表す。
(2)「なぜ」Why を文頭に置いて，一般動詞の疑問文の形〈do[does]＋主語＋動詞の原形 ～?〉の形を続ける。
(3) Why ～? に〈Because＋主語＋動詞 ～.〉で答える。「授業の前に」＝ before classes

**6**(1)「彼らについて私に話してください」という文を作る。動詞 tell で文を始める。「私に」は tell のうしろにくるので me とする。「彼らについて」は前置詞 about のうしろに「彼らを」を表す them を置く。
(2)「あなたはなぜ日本料理が好きなのですか」という文を作る。〈Why do[does]＋主語＋動詞の原形 ～?〉の形で表す。

**7**(1)「サバンナはすばらしい場所です。しかし，ゾウがときどき学校に通う子どもたちを襲うので，危険な場所でもあります」
(2) 4～6行目参照。

## Power–Up 3・4 Word Web ④

**● Check** pp.58～59

1 (1) Where is (2) Take，up，second
(3) next to (4) left，can see
(5) turn right (6) Take，down，first

2 (1) May twenty-fifth (2) third
(3) October eleventh (4) ninth，September
(5) March twentieth (6) second

**解説**

**1**(1)「～はどこですか。」は Where is ～? で表す。
(2)「(乗り物に)乗る」は take で表す。「～へ上がっていく」＝ go up to ～，「2階」＝ the second floor
(3)「～の隣に」＝ next to ～
(4)「～へ曲がる」＝ turn ～，「左へ」＝ left
(5)「右へ」＝ right
(6)「～に降りていく」＝ go down to ～，「1階」＝ the first floor

**2**(1)「5月」＝ May，「25日」＝ twenty-fifth
日付は順番の言い方で表す。

(2)「３階」= the third floor　建物の階数は順番を表す数字を使う。
(3)「10 月」= October,「11 日」= eleventh　日付は順番の言い方で表す。
(4)「９番目」= ninth,「９月」= September
(5)「３月」= March,「20 日」= twentieth
(6)「２日目」は順番の言い方 second で表す。

## まとめテスト●第１回　pp.60 ～ 61

1 (1) 書店
(2) エレベーターに乗って，２階に上がる

2 (1) 情報　(2) たやすく，手軽に
(3) now　(4) wall

3 (1) You're welcome　(2) next to
(3) Switch on　(4) Excuse me

4 (1) station　(2) right　(3) bookstore
(4) post office

5 (1) My house is by the temple.
(2) We have a music festival on November sixth.
(3) Turn right, and you can see the restaurant.

6 (1) It is[It's] on the third floor.
(2) It is[It's] August twelfth (today).

7 (1) He's[He is] at the information center.
(2)(a) ×　(b) ○　(c) ○　(d) ×

**台本**

1 Man: Excuse me, but where is the bookstore? / Woman: It's on the second floor. / Man: I see. / Woman: Take the elevator, and go up to the second floor. / Man: Thank you very much. / Woman: You're welcome.
《和訳》男性「すみませんが，書店はどこですか」 女性「それは２階にあります」 男性「なるほど」 女性「エレベーターに乗って，２階へ上がってください」 男性「どうもありがとうございます」 女性「どういたしまして」

**解説**

3(1) You're welcome.「どういたしまして。」は Thank you. に対する一般的な返事。
(2)「～の隣に」= next to ～
(3)「～のスイッチを入れる」= switch on ～
(4)「すみませんが，～」と知らない人に話しかけるときなどに，Excuse me, ～. を使う。

4 エミリー「図書館はどこですか」男の人「私たちはここの駅にいます。この通りを進んで書店を右に曲がってください。郵便局の隣に図書館が見えます」

5(1)「～のそばに」= by ～
(2)「(日付)に～があります。」は〈We have ～ on＋日付.〉で表す。
(3)「～に曲がってください，そうすれば…が見えます」は Turn ～, and you can see .... で表す。

6(1)「それは３階にあります」という文を作る。「３階」は the third floor で表し，前に on を置く。
(2)「今日は８月 12 日です」という文を作る。日付を表す文の主語は it。

7(1)「ジョンは今どこにいますか」２行目参照。
(2)(a) １～３行目参照。　(b) ２～３行目参照。
(c) ５行目参照。　(d) ７行目参照。

## まとめテスト●第２回　pp.62 ～ 63

1 (1) 5，13　(2) 7，22

2 (1) すぐの，即時の
(2) カメラ　(3) 許す　(4) share
(5) miss　(6) floor

3 ウ

4 (1) first　(2) left　(3) sports shop

5 (1) Turn left at the post office.
(2) Our school is next to the park.
(3) What's the date today?

6 (1) Where is the zoo?
(2) My birthday is June eighth.

7 (1) エレベーターに乗って，９階に上がる。

(2) He is on the fifth floor
(3) ウ

台本

1 Maki: When is your birthday, Sam? / Sam: My birthday is May thirteenth. / Maki: May thirtieth? / Sam: No, May thirteenth. How about you, Maki? / Maki: My birthday is July twenty-second.
《和訳》真紀「あなたの誕生日はいつですか，サム」 サム「ぼくの誕生日は5月13日です」 真紀「5月30日ですか」 サム「いいえ，5月13日です。あなたはどうですか，真紀」 真紀「私の誕生日は7月22日です」

解説

3 エミリー「(　　)への道を知っていますか」 健「はい，知っています。まっすぐ行って，書店で左に曲がりましょう。右手に(　　)が見えます」エミリー「わかりました。行きましょう」 ウが適切。

4 女の子「すみませんが，花屋はどこですか」 スタッフ「エレベーターに乗って1階に降りてください」女の子「はい」スタッフ「左に曲がったらスポーツ店が見えます」女の子「そうなんですね」スタッフ「花屋はその隣にあります」

5(3) 日付をたずねるときは，What's the date today? で表す。

6(1)「～はどこですか。」は Where is ～? で表す。
(2)「私の誕生日は～です。」は My birthday is ～. で表す。「6月8日」＝ June eighth

7(1) レストランへの行き方は4行目参照。
(2)「ジョンは何階にいますか」 4行目参照。We are on the fifth floor. とある。
(3) Thank you very much.「どうもありがとうございます」に対する応答としてウ You're welcome.「どういたしまして」が適切。

## 定期テスト予想問題3●第1回　pp.64 ～ 65

1 (1)(a) イ　(b) ウ　(c) ウ　(2) ア

2 (1) is proud of　(2) every morning

3 (1) ウ　(2) イ

4 (例) She lives in Fukuoka. / She lives with my family. / She lives next to my town.

5 (1) watches
(2) Does he stand on the street
(3) doesn't
(4)名称　ジュニア・セーフティ・パトロール［通学路巡視員］
仕事内容　生徒がほかの生徒を見守る
(5) Yes, he does

台本

1 (1)(a) Boy: Do you have any brothers or sisters? / Girl: Yes. I have a sister. She's a nurse. / Boy: Where does she live? // ア The hospital is new. / イ In Kobe. / ウ Yes, she does.
(b) Man: I often see him on TV. Who is he? /Girl: He's my favorite singer. He's very popular. / Man: Why do you like him? // ア It's a popular song. / イ He goes to high school. / ウ Because he dances very well.
(c) Boy: Meg can play the piano well. / Girl: Yes, she likes music very much. / Boy: Does she practice it every day? // ア At home. / イ Before dinner. / ウ No, she doesn't.
(2) Girl: Look at this picture. This is my sister Mari. She is in London now. She speaks English very well. She studies art there.
Question : What does Mari study in London?

《和訳》(1)(a)男の子「あなたには兄弟か姉妹がいますか」 女の子「はい。私には姉がいます。彼女は看護師です」 男の子「彼女はどこに住んでいますか」 ア「その病院は新しいです」 イ「神戸です」 ウ「はい，します」
(b) 男性「ぼくはよく彼をテレビで見ます。彼はだれですか」 女の子「彼は私のお気に入りの歌手です。彼はとても人気があります」 男性「あなたはなぜ彼が好きなのですか」 ア「それは人気のある歌です」 イ「彼は高校に行っています」 ウ「彼はとてもじょうずに踊るからです」

(c) 男の子「メグはじょうずにピアノをひくことができます」 女の子「はい，彼女は音楽が大好きです」 男の子「彼女は毎日それを練習しますか」 ア「家です」 イ「夕食の前です」 ウ「いいえ，しません」

(2) 女の子「この写真を見てください。こちらは私の姉の真理です。彼女は今ロンドンにいます。彼女はとてもじょうずに英語を話します。彼女はそこで美術を勉強しています」 質問「真理はロンドンで何を勉強していますか」

**解説**

**3** (1) 女の子「これらのボールは彼らのものですか」 男の子「そうです。その男の子たちは土曜日にここでサッカーを練習しています」 ウが正解。ア「はい，それらはボールです」 Are ～? には be 動詞を使って答えることと，these balls を they で受けることからイとエは不正解。

(2) 女性「すみませんが，図書館はどこでしょうか」 男性「まっすぐ行って，コーヒーショップを右に曲がってください。図書館が見えますよ」 女性「わかりました。どうもありがとう」 イが正解。ア「楽しい時を過ごしてください」 ウ「ごめんなさい」 エ「そのとおりです」

**4** 質問は「あなたのおばあさんはどこに住んでいますか」という意味。your grandmother を she で受けて，〈She lives ～(住んでいる場所).〉と答える。〔解答例の訳〕彼女は福岡に住んでいます。／彼女は私の家族といっしょに住んでいます。／彼女は私の町の隣に住んでいます。

**5** (1) 主語 he は三人称・単数で現在の文なので，watch に -es をつける。

(2) 直前の真央の発言 He stands on the street every day. の下線部の部分の繰り返しを避けている。主語が三人称・単数の疑問文は Does を主語の前に出し，動詞を原形にする。

(3) 三人称・単数の否定文は〈doesn't＋動詞の原形〉で表す。

(4) ダニエルは，真央の祖父と同じ仕事がアメリカにあると言っている。最終行参照。

(5)「真央のおじいさんは通りで生徒たちを見守っていますか」1～3行目参照。Mao's grandpa は he で受け，Does ～? には does を使って答える。

## 定期テスト予想問題 3 ●第 2 回　pp.66 ～ 67

**1** (1)(a) ウ　(b) イ　(c) ア　(2) イ

**2** (1) Excuse me　(2) you know
(3) take off

**3** (1) ウ　(2) エ

**4** (例) Because I want to go to the U.S. / Because I like English songs.

**5** (1) ウ
(2)② エ　⑤ イ
(3) fifteen
(4) Does he go to school with his sister?
(5)(a) Yes, it does
(b) He can see giraffes

**台本**

**1** (1)(a) Girl: Your bike is nice. / Boy: Thanks. But I want a new one for my birthday. / Girl: When is your birthday? // ア In the morning. / イ I want four. / ウ It's September fourth.

(b) Boy: I don't know that girl. / Girl: She is my classmate Shiori. / Boy: Really? Is she your friend? // ア Yes. They are good friends. / イ Yes. I like her very much. / ウ Yes. It's hers.

(c) Man: Excuse me, but where is the flower shop? / Woman: Can you see that post office? / Man: Oh, yes, I can see it. // ア The flower shop is next to the post office. / イ Thank you very much. / ウ You can buy some flowers there.

(2) Girl: My grandfather often climbs mountains on weekends. My grandmother goes to swimming school on Wednesday. She is active and cheerful. I'm proud of her.
Question : When does the girl's grandmother swim?

**《和訳》** (1)(a)女の子「あなたの自転車はすてきですね」 男の子「ありがとう。しかし，ぼくは誕生日に新しいものがほしいです」 女の子「あなたの誕生日はいつですか」 ア「午前中に」 イ「私は４つほしいです」 ウ「それは９月４日です」

(b) 男の子「ぼくはあちらの女の子を知りません」 女の子「彼女は私のクラスメートの詩織です」 男の子「ほんとうですか。彼女はあなたの友だちですか」 ア「はい。彼女らはよい友だちです」 イ「はい。私は彼女が大好きです」 ウ「はい。それは彼女のものです」

(c) 男性「すみませんが，花屋はどこですか」 女性「あなたはあの郵便局が見えますか」 男性「ああ，はい，ぼくはそれが見えます」 ア「花屋はその郵便局の隣です」 イ「どうもありがとうございます」 ウ「あなたはそこで花をいくつか買うことができます」

(2) 女の子「私の祖父はよく週末に山に登ります。私の祖母は水曜日に水泳教室に行きます。彼女は活発で元気がよいです。私は彼女のことを誇りに思っています」
質問「女の子のおばあさんはいつ泳ぎますか」

**解説**

**3**(1) 女の子「ダニエルはアユミが大好きですね。彼は彼女のコンサートによく行きますか」 男の子「はい，彼はそれをとても楽しみます」 ウが正解。ア「彼は秋にそれを楽しみます」 イ「彼は彼女のことを知りません」 エ「いいえ，彼は歌がじょうずではありません」

(2) 女の子「ナオミはテニスがとてもじょうずです。彼女は私が大好きな選手です。あなたはどうですか」 男の子「ぼくも彼女が好きです」 エが正解。ア「ぼくの大好きなスポーツはテニスです」 イ「ぼくは彼女のようにじょうずにテニスができません」 ウ「彼女はたくさんファンがいます」

**4** 質問は「あなたはなぜ英語を一生けんめい勉強するのですか」という意味。Why ～? には Because ～. を使って理由を答える。
〔解答例の訳〕私はアメリカへ行きたいからです。／私は英語の歌が好きだからです。

**5**(1) 直後でエミリーが「彼はジャクソンです」と答えているので，「彼はだれですか」とたずねたと考える。

(2)② １つ目は動詞 see のうしろ，２つ目は前置詞 about のうしろにある。ジャクソンを代名詞として入れるので，he の目的語の形 him が適切。 ⑤ １つ前のエミリーの発言にある his sister を代名詞にして入れる。前置詞 with のうしろにあるので，she の目的語の形 her が適切。

(3)「15」は fifteen。

(4) 主語 He は三人称・単数。Does を主語の前に出し，goes を原形 go にする。

(5)(a)「ジャクソンの家から学校まで２時間かかりますか」５行目参照。

(b)「健は映画の中でジャクソンと彼の妹の向こうに何が見えますか」８行目参照。

## PROGRAM 7 Steps 3 / Steps 4 / Word Web ⑤ / Our Project ② / Power-Up 5

### ● Check pp.68 ～ 69

**1** (1) There is (2) There are, on
(3) Is there, near / there isn't
(4) Are there, in / there are

**2** (1) How / By (2) How / By

**3** (1) What (2) Who / does (3) When

**解説**

**1**(1)「…に～がある。」は〈There is[are] ～＋場所を表す語句.〉で表す。名詞(a famous place)が単数なので，be 動詞は is。

(2) 名詞(three notebooks)が複数なので，There are ～. の文。「～の上に」＝ on ～

(3) 名詞(a museum)が単数なので，Is there

～? の文。〈No, there＋be 動詞＋not.〉で答える。

(4) 名詞(any students)が複数なので，Are there ～? の文。〈Yes, there＋be 動詞.〉で答える。

2 「どのように」(手段) は How を文頭に置く。交通手段は〈by＋乗り物名〉で表す。

3(1)「何」は What を文頭に置く。

(2)「だれ」は Who を文頭に置く。主語をたずねる疑問文に likes（一般動詞）があるので，〈主語＋does.〉で答える。

(3)「いつ」は When を文頭に置く。

## まとめテスト●第1回 pp.70 ～ 71

1 大きな公園があり，その公園にはたくさんの自然があるから。

2 (1) あれら[それら]の (2) いつか
(3) 遠くに (4) research (5) train
(6) language

3 (1) over there (2) kinds of
(3) a little (4) Sounds fun
(5) something new

4 (1) are (2) Is (3) How (4) are not
(5) Where

5 (1) Is there a bookstore near here?
(2) What time do you get up every day?
(3) How many children are there in the park?

6 (1) How do you go to school?
(2) There are a lot of [many] books in this library.

7 (1) the Opera House, the Great Barrier Reef
(2) He wants to see the Great Barrier Reef.
(3)(a) × (b) ○

**台本**

1 Jun: I like Asahi-cho. / Ann: Why? / Jun: Because there is a large park. It has a lot of nature.

《和訳》純「ぼくは朝日町が好きです」 アン「なぜですか」 純「大きな公園があるからです。それには多くの自然があります」

**解説**

3(1)「向こうに」＝ over there

(2)「たくさんの種類の～」＝ many kinds of ～

(3)「少し」＝ a little

(4)「楽しそうですね。」＝ Sounds fun.

(5)「何か～なこと[もの]」は〈something＋形容詞〉の語順で表す。

4(1) 名詞が複数なので，There are ～. の文。

(2) 名詞が単数なので，Is there ～? の文。

(3)「私はあなたの家に歩いていきます」と答えているので，手段をたずねる How が適切。

(4) 名詞が複数なので，There are not ～. の文。

(5)「部屋で」と場所を答えているので，Where ～? の文。

5(1)「…に～がありますか。」は〈Is[Are] there ～＋場所を表す語句 ?〉の形。

(2)「何時に」は What time で始める。一般動詞の疑問文の形〈do[does]＋主語＋動詞の原形 ～?〉を続ける。

(3)「…には～がいくつありますか［何人いますか］。」は〈How many＋名詞の複数形＋are there＋場所を表す語句 ?〉の形。

6(1)「あなたはどうやって学校に行きますか」という文を作る。How を文頭に置いて，一般動詞の疑問文の形 do you ～? を続ける。

(2)「この図書館にはたくさんの本があります」という文を作る。名詞(a lot of[many] books)が複数なので，There are ～. の文。

7(1) 5，7行目参照。

(2)「健は何を見たいと思っていますか」最終行参照。it は直前のエミリーの発言の the Great Barrier Reef を指している。

(3)(a)「健は世界遺産について知りません」1～2行目参照。

(b)「オペラハウスはシドニーにあります」5行目参照。

## まとめテスト●第2回　pp.72 ~ 73

1 (1) 徒歩　(2) 自転車

2 (1) 橋　(2) 演説，スピーチ
(3) 外は[で，に]　(4) life　(5) plane
(6) country

3 (1) A lot of　(2) for example　(3) Here it
(4) show，around

4 (1) No, there is not [isn't].
(2) Who is that man?
(3) By train.
(4) How many dogs are there under the bed?

5 (1) Where does Daniel have dinner?
(2) There aren't any books on the desk.
(3) Which cat is Mao's, this one or that one[Which is Mao's cat, this one or that one]?

6 (1) Whose computer is that[Whose is that computer]?
(2) Is there a big park in this town?

7 (1) バーベキュー，クリスマスパーティー
(2) It's summer
(3) エ

**台本**

1　Sam: How do you come to school, Kumi? / Kumi: I live in Midori-cho. It's a little far from school. So I come to school by bike. How about you? / Sam: I walk to school.
《和訳》サム「あなたはどうやって学校へ来ますか，久美」 久美「私はみどり町に住んでいます。それは学校から少し遠いです。だから私は自転車で学校へ来ます。あなたはどうですか」 サム「ぼくは歩いて学校へ行きます」

**解説**

3 (1)「たくさんの～」= a lot of ～
(2)「たとえば」= for example
(3)「ここにあります。」= Here it is.
(4)「～を案内する」= show ～ around

4 (1) Is there ～? に No で答えるときは，No, there is not[isn't]. となる。
(2)「だれ」であるかをたずねるので，Who ～? の文。
(3)「どのようにして」と手段をたずねているので，by を使って答える。
(4) 数をたずねる疑問文は〈How many＋名詞の複数形〉で文を始める。

5 (1)「どこで」Where を文頭に置いて，疑問文の形〈do[does]＋主語＋動詞の原形 ～?〉を続ける。
(2) 名詞(any books)が複数なので，〈There aren't ～＋場所を表す語句.〉の形。
(3) Which ～, A or B? の形。

6 (1)「あれはだれのコンピュータですか[あのコンピュータはだれのものですか]」という文を作る。〈Whose＋名詞＋be 動詞＋主語?〉の形。
(2)「この町に大きな公園がありますか」という文を作る。名詞(a big park)が単数なので，Is there ～? の文。

7 (1) 3，5行目参照。
(2)「オーストラリアは今何の季節ですか」1行目参照。
(3) 直後でエミリーが交通手段を答えているので，How が適切。

# PROGRAM 8　Steps 5

## ● Check　pp.74 ~ 75

1 (1) are playing　(2) I'm cleaning
(3) is writing　(4) is not running
(5) I'm not using

2 (1) Are，making / I'm not
(2) Is，playing / is
(3) Are，swimming / they are
(4) Is，drawing / isn't
(5) What are，doing
(6) I'm eating [having]
(7) What is，looking

**解説**

1 (1) 進行中の動作は〈be 動詞＋動詞の -ing 形〉で表す。主語が They なので be 動詞は are。play はそのまま -ing をつける。

(2) 主語が I なので be 動詞は am。clean はそのまま -ing をつける。空所の数から I am を短縮形 I'm にする。

(3) 主語が My mother なので be 動詞は is。write は e をとって -ing をつける。

(4) 主語が Sam なので be 動詞は is。否定文なので is のうしろに not を置く。run は n を重ねて -ing をつける。

(5) 主語が I なので be 動詞は am。否定文なので am のうしろに not を置く。use は e をとって -ing をつける。

2 (1) 主語が you なので be 動詞は are。make は e をとって -ing をつける。答えの文の主語は I になるので be 動詞は am。

(2) 主語が Miki なので be 動詞は is。play はそのまま -ing をつける。〈Yes, 主語＋be 動詞.〉で答える。

(3) 主語が the students なので be 動詞は are。swim は m を重ねて -ing をつける。

(4) 主語が the boy なので be 動詞は is。draw はそのまま -ing をつける。〈No, 主語＋be 動詞＋not.〉で答える。

(5)「何」What のうしろに疑問文の形〈be 動詞＋主語＋動詞の -ing 形 ～?〉を続ける。

(6) 何をしているかを具体的に答える。主語が I なので be 動詞は am。eat はそのまま -ing をつける。

(7)「何」What のうしろに疑問文の形を続ける。「～を見る」＝ look at ～

## まとめテスト●第1回　pp.76 ～ 77

1 ウ

2 (1) 雑誌　(2) ツル　(3) 伝統的な
(4) event　(5) violin　(6) wait

3 (1) turn off　(2) Of course
(3) can't wait　(4) Why don't

4 (1) dancing　(2) are　(3) walks
(4) We're not　(5) are　(6) standing

5 (1) I am not watching a talent show now.
(2) Is Ms. Miller talking with her students?
(3) My father and I are going to the library.

6 (1) What are you reading now?
(2) I'm[I am] studying math now.

7 (1) ア
(2) (テレビの)音が聞こえるから。
(3) She's cleaning the bathroom

**台本**

1 Woman: Can you help me? / Boy: Sorry, I can't. I'm busy now. I'm cooking.
《和訳》女性「私を手伝ってもらえませんか」男の子「すみません，できません。ぼくは今忙しいです。ぼくは料理をしています」

**解説**

3 (1)「～を消す」＝ turn off ～

(2)「もちろん」＝ of course

(3)「(私は)待てません。」＝ I can't wait.

(4)「～しませんか。」と誘うときは Why don't we ～? で表す。

4 (1) 前に be 動詞 Is があるので現在進行形の文。動詞の -ing 形の dancing が適切。

(2) 直後に動詞の -ing 形があるので，現在進行形の文。主語が複数なので be 動詞は are が適切。

(3) いつもの習慣を表す文なので現在形の文。主語が三人称・単数なので walks が適切。

(4) 直後に動詞の -ing 形があるので，be 動詞を含む We're not が適切。We're は We are の短縮形。現在進行形の否定文になる。

(5) うしろに動詞の -ing 形があるので現在進行形の文。主語 you に合う be 動詞は are。

(6) 直前に be 動詞があるので，動詞の -ing 形である standing が適切。「だれが窓のそばに立っていますか。― サムです」

5 (1) 現在進行形の否定文は〈be 動詞＋not＋動詞の -ing 形〉の形。

(2) 現在進行形の疑問文は〈be 動詞＋主語＋

動詞の -ing 形 ～?〉の形。

(3) 主語は my father and I。〈be 動詞＋動詞の -ing 形〉を続ける。

6(1)「あなたは今，何を読んでいますか」という文を作る。「何」What を文頭に置き，疑問文の形〈be 動詞＋主語＋動詞の -ing 形 ～?〉を続ける。

(2)「私は今，数学を勉強しているところです」という文を作る。主語が I なので be 動詞は am。study「勉強する」はそのまま -ing をつける。

7(1)「お父さん，ごめんなさい，(そこに行くことが)できません」となる。

(2) 直後に発言の根拠となる理由を言っている。テレビの音が聞こえるので，エミリーはマークが掃除をしているのではなく，テレビを見ていると思った。

(3)「エミリーは今何をしていますか」2 行目参照。

## まとめテスト●第 2 回　pp.78 ～ 79

1 ウ

2 (1) ふく　(2) 必要とする
(3) feel　(4) help

3 (1) Can you　(2) go fishing　(3) in the air
(4) All right

4 (1) My brother is running now.
(2) Are they playing video games?
(3) The students aren't[are not] having lunch.
(4) What is Emily doing now?

5 (1) The boys are not riding their bicycles now.
(2) Kumi is listening to music in her room now.
(3) Where are they going?

6 (1) Are you cleaning the room now?
(2) I'm[I am] not singing a song now.

7 (1) エ
(2) 新年のための伝統的な日本の料理
(3) She's making *kurikinton*

**台本**

1　Bob: (Prrrr) Hi, Yuki. / Yuki: Hi, Bob. / Bob: It's sunny today. Let's play tennis together! / Yuki: Oh, I'm busy now. / Bob: What are you doing? / Yuki: I'm practicing the piano.
《和訳》ボブ「(プルルルル) こんにちは，由紀」 由紀「こんにちは，ボブ」 ボブ「今日は晴れています。いっしょにテニスをしましょう」 由紀「ああ，私は今忙しいです」 ボブ「あなたは何をしていますか」 由紀「私はピアノを練習しています」

**解説**

3(1)「～してくれませんか。」と相手に依頼するときは Can you ～? で表す。

(2)「つりに行く」＝ go fishing

(3)「空中に」＝ in the air

(4)「わかりました。」＝ All right.　相手への同意を表す。

4(1) 主語が My brother なので be 動詞は is。runs を -ing 形の running にする。

(2) 疑問文は be 動詞を主語の前に出す。

(3) 否定文は be 動詞のうしろに not を置く。

(4) 何をしているかをたずねる現在進行形の疑問文にする。What を文頭に置き，現在進行形の疑問文の形を続ける。

5(1) 現在進行形の否定文は〈be 動詞＋not＋動詞の -ing 形〉の形。

(2) 主語は Kumi。〈be 動詞＋動詞の -ing 形〉を続ける。「音楽を聞く」＝ listen to music

(3)「どこ」Where を文頭に置き，疑問文の形〈be 動詞＋主語＋動詞の -ing 形 ～?〉を続ける。

6(1)「あなたは今，部屋を掃除しているところですか」という文を作る。〈be 動詞＋主語＋動詞の -ing 形～?〉の形。

(2)「私は今，歌を歌っているところではありません」という文を作る。主語は I なので be 動詞は am。うしろに not を置く。sing に -ing をつけて singing にする。

7(1)「あなたはポテトサラダを作っているとこ

ろですか」に答える文。直後に「栗きんとんを作っています」とあるので，No で答える。現在進行形の疑問文には be 動詞を使って答えるのでエが適切。

(2) 4行目に説明がある。

(3)「ヘレンは何をしていますか」2行目参照。

## 定期テスト予想問題 4 ●第 1 回　pp.80 ～ 81

**1** (1)(a) ア　(b) イ　(c) ウ　(2) ア

**2** (1) would like to　(2) Why don't we
(3) Turn off / right

**3** (1) エ　(2) ウ

**4** (例) They are running.

**5** (1) For example
(2) There is a famous place in Sydney.
(3) the Great Barrier Reef
(4)(a) Yes, there are.
(b) It's[It is] in Sydney.
(5)(a) ○　(b) ×

**台本**

**1** (1)(a) Man: I'm hungry. / Woman: Me too. Let's eat lunch together. / Man: That's good. Do you know any good restaurants? // ア Yes, there is a nice one near here. / イ Yes, it's twelve thirty. / ウ Yes, I can make it.

(b) Girl: Do you live near the school? / Boy: No. My house is far. / Girl: I see. I walk here every day. How do you come here? // ア I'm tired. / イ By bike. / ウ It takes one hour.

(c) Girl: Hi, Tom. Is that your dog? / Boy: Yes. Her name is Mimi. / Girl: Wow, a cute name. Where are you going? // ア In the afternoon. / イ With my dog. / ウ To the park.

(2) Girl: This is Bob's room. There is a guitar by the desk. He sometimes practices it. There are some pictures on the wall. I can see a bag under the chair.
Question : Where is Bob's guitar?

**《和訳》** (1)(a)男性「ぼくはおなかがすいています」 女性「私もです。いっしょに昼食を食べましょう」 男性「それはいいですね。あなたはよいレストランを知っていますか」 ア「はい，この近くによいものがあります」 イ「はい，12 時 30 分です」 ウ「はい，私はそれを作ることができます」

(b) 女の子「あなたは学校の近くに住んでいますか」 男の子「いいえ。ぼくの家は遠いです」 女の子「なるほど。私は毎日歩いてここへ来ます。あなたはどうやってここに来ますか」 ア「ぼくは疲れています」 イ「自転車で」 ウ「1 時間かかります」

(c) 女の子「こんにちは，トム。それはあなたのイヌですか」 男の子「はい。彼女の名前はミミです」 女の子「わあ，かわいい名前ですね。あなたはどこへ行くところですか」 ア「午後に」 イ「ぼくのイヌといっしょに」 ウ「公園へ」

(2) 女の子「これはボブの部屋です。机のそばにギターがあります。彼はときどきそれを練習します。壁には写真が何枚かあります。私はいすの下にかばんが見えます」
質問「ボブのギターはどこですか」

**解説**

**3** (1) 女の子「この部屋はとても寒いです。窓を閉めてもらえますか」 男の子「もちろんです」 エが正解。アは Can you ～?「～してもらえますか」という依頼への正しい応答ではない。イ「閉めてくれてありがとう」 ウ「すみません，(あなたは)できません」

(2) 男の子「この町にはいい書店がありますか」 女の子「はい，あります。私があなたを案内できます」 ウが正解。Are there ～? には Yes, there are. または No, there aren't. で答える。エは続くセリフの内容に合わない。

**4** 質問は「女の子たちは向こうで何をしていますか」という意味。the girls は they で受ける。現在進行形の形〈be 動詞＋動詞の -ing 形〉を使って，何をしているかを答える。
〔解答例の訳〕彼女たちは走っています。

5(1)「たとえば」= for example

(2) there と is があることに注目。〈There is ～ ＋場所を表す語句.〉で表す。

(3)「私はそれを見たいです」の「それ」は直前のエミリーの発言 the Great Barrier Reef を指している。

(4)(a)「オーストラリアにはたくさんの世界遺産がありますか」３行目参照。
Are there ～? には Yes, there are. または No, there aren't[are not]. で答える。

(b)「オペラハウスはオーストラリアのどこにありますか」５行目参照。

(5)(a)「健は世界遺産が好きです」１～２行目参照。

(b)「私たちはオーストラリアでグレートバリアリーフを見ることができません」エミリーはオーストラリアの世界遺産としてオペラハウスとグレートバリアリーフの２つをあげている。

## 定期テスト予想問題4●第2回　pp.82～83

1 (1)(a) ウ　(b) ア　(c) イ　(2) ウ

2 (1) show, around　(2) a little
(3) for example

3 (1) エ　(2) イ

4 (例) There are about fifty books in my room. / There aren't [are not] any books there.

5 (1) help me
(2) What are you doing, Mom?
(3) サツマイモをつぶすこと。
(4) No, I'm not
(5) She's [She is] Daniel's mother.
(6)(a) ○　(b) ×

**台本**

1 (1)(a) Girl: What are you doing, Mike? / Boy: I'm reading a book about animals. / Girl: Is it interesting? // ア Yes, they are cute. / イ No, you can't. / ウ Yes, it's great.

(b) Man: Look. I want to go to the snow festival. / Woman: Oh, I know it. Can you come with me? / Man: Yes. How can we go there? // ア By bus. / イ In February. / ウ At Midori Park.

(c) Boy: Do you often go to the park, Ann? /Girl: Yes. I draw pictures of flowers. I like flowers very much. / Boy: Are there many flowers in the park? // ア Yes, I do. / イ Yes, there are. / ウ Yes, they can.

(2) Girl: I often walk with my dog. He is brown and very cute. Everyone in my family loves him. He can jump high and run fast.
Question : What is the girl talking about?

《和訳》(1)(a)女の子「あなたは何をしていますか，マイク」 男の子「ぼくは動物についての本を読んでいます」 女の子「それはおもしろいですか」 ア「はい，それらはかわいいです」 イ「いいえ，あなたはできません」 ウ「はい，それはすばらしいです」

(b) 男性「見てください。ぼくは雪祭りに行きたいです」 女性「ああ，私はそれを知っています。私といっしょに来てもらえますか」 男性「はい。ぼくたちはどうやってそこへ行くことができますか」 ア「バスで」 イ「２月に」 ウ「みどり公園で」

(c) 男の子「あなたはよく公園へ行きますか，アン」 女の子「はい。私は花の絵を描きます。私は花が大好きです」 男の子「公園には多くの花がありますか」 ア「はい，私はします」 イ「はい，あります」 ウ「はい，彼らはできます」

(2) 女の子「私はよく私のイヌといっしょに公園を歩きます。彼は茶色でとてもかわいいです。私の家族のみんなが彼を愛しています。彼は高く跳んだり，速く走ったりできます」
質問「女の子は何について話していますか」

**解説**

3(1) 女の子「あなたはどうやって学校に通って

いますか」 男の子「毎日歩いて通っています」 エが正解。ア「あなたはいつ家を出ますか」イ「あなたは何時に学校に来ますか」ウ「あなたはどこに行きたいですか」

(2) 女の子「こんにちは，ダニエル。どこに行くところですか」 男の子「緑《みどり》公園です。そこでテニスをします」 イが正解。ア「何をしていますか」ウ「数学を勉強しているところですか」エ「図書館にはたくさんの本がありますか」

**4** 質問は「あなたの部屋には何冊の本がありますか」という意味。There are ～. を使って数を答える。〔解答例の訳〕私の部屋には約50冊の本があります。／そこには1冊の本もありません。

**5**(1)「あなたの助けが必要です」をCan you ～?「～してもらえますか。」の文に書きかえる。「私を手伝ってもらえますか」とする。

(2) be動詞are，動詞の-ing形doing，疑問詞whatに注目し，疑問詞のある現在進行形の疑問文と考える。What are you doing, Mom? とする。

(3)「あなたのためにそれをすることができます」の下線部は直前のヘレンのI'm mashing sweet potatoes. を指す。

(4) 直前のダニエルの「ポテトサラダを作っているのですか」に対する答え。直後に「栗きんとんを作っている」とあるので，Noと答えたと考える。現在進行形の疑問文にはbe動詞を使って答える。

(5)「ヘレンとはだれですか」2行目でダニエルはヘレンをMomと読んでいるので，「彼女はダニエルのお母さんです」と答える。

(6)(a) 7行目参照。 (b) 6行目参照。

## PROGRAM 9 Steps 6

### ● Check pp.84 ～ 85

**1** (1) visited (2) lived (3) studied

**2** (1) bought (2) found

**3** (1) Did, help / did (2) didn't rise
(3) Did, find / didn't (4) Did, work
(5) didn't read

**解説**

**1**(1) 過去の文は動詞を過去形にする。visit「訪れる」は-edをつける。

(2) live「住んでいる」は語尾が-eなので，-dだけつける。

(3) study「勉強する」は語尾が〈子音字＋y〉なので，yをiに変えて-edをつける。

**2**(1) buy「買う」は不規則動詞。過去形はbought。

(2) find「見つける」は不規則動詞。過去形はfound。

**3**(1) 一般動詞の過去の疑問文は主語の前にDidを置く。「手伝う」はhelpで動詞は原形。答えるときもdidを使う。

(2) 一般動詞の過去の否定文は動詞の前にdidn't[did not] を置く。「のぼる」はriseで動詞は原形。

(3) 主語の前にDidを置き，動詞は原形。「見つける」はfind。〈No, 主語＋didn't[did not].〉で答える。

(4) 主語の前にDidを置き，動詞は原形。「働く」はwork。

(5) 動詞の前にdidn't[did not]を置く。「読む」はreadで動詞は原形。

### まとめテスト●第1回 pp.86 ～ 87

**1** 土曜日 公園，サッカー
日曜日 家，宿題

**2** (1) 午後 (2) ～まで (3) 体験，経験
(4) stay (5) road (6) win

**3** (1) all day (2) last night
(3) do my homework (4) is famous for

**4** (1) cooked (2) Did (3) read
(4) have (5) walk / did

**5** (1) Mark did not play the guitar yesterday.
(2) I saw pandas at the zoo last Saturday.
(3) Where did they practice tennis after

school?

6 (1) I studied with Miki in the library.
(2) What time did you get up this morning?

7 (1) 森と湖の国　(2) these pictures
(3) They have saunas

台本

1 Teacher: Please tell me about your weekends, Sam. / Sam: I played soccer with my friends in the park on Saturday. On Sunday, I did my homework at home.
《和訳》先生「あなたの週末について私に話してください，サム」 サム「ぼくは土曜日にぼくの友だちといっしょに，公園でサッカーをしました。日曜日には，ぼくは家で宿題をしました」

解説

3 (1)「一日中」= all day
(2)「昨夜」= last night
(3)「宿題をする」= do my homework
(4)「～で有名である」= be famous for ～

4 (1) 過去を表す語句 last Sunday があるので，過去形の動詞 cooked が適切。
(2) 過去を表す語句 last winter があるので，過去の疑問文。Did が適切。
(3) 文の前半にある動詞 went が過去形なので，read の過去形 read が適切。
(4) 直前に didn't があるので過去の否定文。動詞は原形 have が適切。
(5) Did と過去を表す語句 yesterday があるので，過去の疑問文。動詞は原形 walk が適切。Did ～? には did で答える。

5 (1) 過去の否定文なので，動詞（play）の前に did not を置く。
(3)「どこ」Where を文頭に置いて，疑問文の形〈did＋主語＋動詞の原形 ～?〉を続ける。

6 (1)「私は美希といっしょに図書館で勉強しました」という文を作る。study は y を i にかえて -ed をつけて過去形にする。
(2)「あなたは今朝何時に起きましたか」という文を作る。「何時」What time を文頭に置いて，疑問文の形〈did＋主語＋動詞の原形 ～?〉を続ける。「起きる」= get up

7 (1) 3行目参照。
(2) ダニエルは美希が見せてくれた写真を見て「とても美しい」と言っている。
(3)「フィンランドの人々は家に何を持っていますか」最終行参照。

## まとめテスト●第2回　pp.88 ～ 89

1 ア

2 (1) 医療の，内科の　(2) 一度，一回
(3) 発明する　(4) people　(5) stadium
(6) another

3 (1) How　(2) take, look at　(3) too much
(4) last week

4 (1) Kumi cleaned her room yesterday.
(2) The bus didn't [did not] stop at the department store.
(3) Did Daniel go to bed early last night?
(4) What did Miki eat for breakfast this morning?

5 (1) Did you listen to music last night?
(2) We had a lot of homework yesterday.
(3) They did not win the soccer game last Friday.

6 (1) I took a bath at eight last night.
(2) What did you do three days ago?

7 (1) ムーミン，サンタクロース
(2) She ate *salmiakki*
(3)(a) ○　(b) ×

台本

1 Ann: I played tennis in the park with my brother yesterday. / Sam: Really, Ann? I went to the park too. I walked my dog.
《和訳》アン「私は昨日，私の弟[兄]と公園でテニスをしました」 サム「ほんとうですか，アン。ぼくも公園へ行きました。ぼくはぼくのイヌを散歩させました」

解説

3(1)「何て〜だろう！」= How 〜！
(2)「〜を(ちょっと) 見る」= take a look at 〜
(3)「多すぎる」= too much
(4)「先週」= last week

4(1) 過去の文にするので，cleans を過去形 cleaned にする。
(2) 過去形 stopped があるので過去の文。否定文にするので，原形 stop にして，前に didn't[did not] を置く。
(3) last night と過去形 went があるので過去の文。疑問文にするので，Did を主語の前に置く。went を原形 go にする。
(4) 何を食べたかをたずねる文にする。What を文頭に置き，過去の疑問文の形〈did＋主語＋動詞の原形 〜?〉を続ける。

5(1)「〜しましたか。」は〈Did＋主語＋動詞の原形 〜?〉の形。「音楽を聞く」= listen to music
(3)「〜しませんでした」は〈didn't[did not]＋動詞の原形〉の形。

6(1)「私は昨夜８時にふろに入りました」という文を作る。「ふろに入る」= take a bath。take の過去形は took。「昨夜８時に」= at eight last night
(2)「あなたは３日前に何をしましたか」という文を作る。What を文頭に置き，過去の疑問文の形を続ける。「３日前」= three days ago

7(1) １行目参照。「〜で有名である」= be famous for 〜
(2)「美希はフィンランド旅行の間に何を食べましたか」５〜６行目参照。
(3)(a)「ダニエルはサルミアッキを知りません」３〜４行目参照。
(b)「サルミアッキは甘いキャンディなので，たくさんのフィンランドの人々がそれを好きです」５行目参照。

## PROGRAM 10 Steps 7 / Our Project ③ / Power-Up 6

### ● Check pp.90 〜 91

1 (1) was (2) was (3) were

2 (1) Were / was (2) Was / wasn't
(3) Were / were

3 (1) Were, making (2) was sleeping
(3) were not cleaning

解説

1(1)「〜だった。」は be 動詞の過去の文で表す。主語が I なので was。
(2)「〜にいた。」は be 動詞の過去の文で表す。主語が三人称・単数なので was。
(3)「〜だった。」は be 動詞の過去の文で表す。主語が We なので were。

2(1) 疑問文は was[were] を主語の前に出す。主語が you なので Were を入れる。答えの文の主語は I なので was を入れる。
(2) 主語(that)が単数なので Was を入れる。答えの文の主語は it なので was not の短縮形 wasn't を入れる。
(3) 主語(the pictures)が複数なので Were を入れる。答えの文の主語は they なので were を入れる。

3(1) 過去進行形の疑問文は〈be 動詞＋主語＋動詞の -ing 形 〜?〉の形。
(2)〈be 動詞の過去形(was, were)＋動詞の -ing 形〉の形。
(3) 過去進行形の否定文は〈was[were]＋not＋動詞の -ing 形〉の形。

### まとめテスト●第１回 pp.92 〜 93

1 久美 fine サム tired

2 (1) 趣味 (2) 眠い (3) 着く，到着する
(4) program (5) young (6) follow

3 (1) I'm home (2) What's, matter
(3) get on (4) Hold on to (5) this way

4 (1) was (2) Were (3) playing

(4) were　(5) wasn't

5 (1) My mother was very busy yesterday.
(2) Were they kind to you at that time?
(3) Mao wasn't practicing the piano at ten this morning.

6 (1) Where were you last Sunday?
(2) They weren't [were not] running in the park then.

7 (1) 雪が降る冬の日
(2) She was at home
(3) a cat and a dog

**台本**

1 Kumi: Hi, Sam. How are you? / Sam: I'm fine today, but I was tired yesterday. / Kumi: Why? / Sam: Because I practiced soccer hard. How about you, Kumi? / Kumi: I was fine yesterday and I'm fine today too.
《和訳》久美「こんにちは，サム。お元気ですか」 サム「ぼくは今日は元気ですが，昨日は疲れていました」 久美「なぜですか」 サム「ぼくはサッカーを一生懸命練習したからです。あなたはどうですか，久美」 久美「私は昨日は元気で，今日も元気です」

**解説**

3 (1)「ただいま。」= I'm home.
(2)「どうしたのですか。」= What's the matter? 相手を気づかってかける言葉。
(3)「〜に乗る」= get on 〜
(4)「〜にしがみつく」= hold on to 〜
(5)「このように」= this way

4 (1) then があるので過去の文。主語が I なので was が適切。
(2) last weekend があるので過去の文。主語が you なので Were が適切。
(3) an hour ago と be 動詞 Were があるので，過去進行形の疑問文。動詞の -ing 形である playing が適切。
(4) three years ago があるので過去の文。主語が We なので were が適切。
(5) two years ago があるので過去の文。Ken = a basketball player の関係なので，be 動詞の過去形である wasn't が適切。

5 (2) be 動詞の過去形の疑問文。be 動詞 were を主語(they)の前に置く。
(3) 過去進行形の否定文。〈was[were] + not + 動詞の -ing 形〉の形。

6 (1)「あなたはこの前の日曜日にどこにいましたか」という文を作る。「どこに」Where を文頭に置いて，疑問文の形〈was[were] + 主語 〜?〉を続ける。
(2)「彼らはそのとき，公園を走っていませんでした」という文を作る。〈was[were] not + 動詞の -ing 形〉の形。run「走る」は n を重ねて running とする。

7 (1) 1行目参照。
(2)「ばばばあちゃんはその日どこにいましたか」2行目参照。
(3) 4行目参照。ばばばあちゃんは家に入ってきた友だちに話しかけている。

## まとめテスト●第2回　pp.94 〜 95

1 アン（グリーン先生が出ていた）テレビ番組を見ていた。 純 ふろに入っていた。

2 (1) やっと，ついに　(2) 驚いて
(3) 劇場，映画館　(4) idea　(5) enough
(6) warm

3 (1) on, of　(2) at that time　(3) cut, off
(4) this morning

4 (1) Daniel and I were in the music club last year.
(2) Were you walking in the park at that time?
(3) Was the movie exciting?
(4) What was Mao doing an hour ago?

5 (1) Was it rainy last night?
(2) I was making dinner with my sister then.
(3) The boys were not in the park an hour ago.

6 (1) These books were very interesting.

(2) What were you doing at nine last night?

7 (1) ベッドが壊れた音
(2) ベッドの脚を切り落とす　(3) そり

**台本**

1 Ann: I called you at seven yesterday, but you didn't answer. What were you doing? / Jun: Well, I was taking a bath. / Ann: Oh, no .... I was watching TV then, and Mr. Green was on the TV program. I was surprised and called you.
《和訳》アン「私は昨日，7時にあなたに電話しましたが，あなたは出ませんでした。あなたは何をしていましたか」 純「ええと，ぼくはふろに入っていました」 アン「なんということでしょう…。私はそのときテレビを見ていて，グリーン先生がテレビ番組に出ていたのです。私は驚いてあなたに電話しました」

**解説**

3(1)「～のてっぺんに」= on top of ～
(2)「そのとき」= at that time
(3)「…から～を切り落とす」= cut ～ off ...
(4)「今朝」= this morning

4(1) 主語を複数にするので，was を were に変える。
(2) 過去進行形の疑問文〈Was[Were]＋主語＋動詞の -ing 形 ～?〉の形にする。主語が you なので be 動詞は Were。walk はそのまま -ing をつける。
(3) be 動詞 was を主語の前に出す。
(4) 何をしていたかをたずねる文にする。What を文頭に置き，過去進行形の疑問文の形を続ける。

5(1)〈Was[Were]＋主語 ～?〉の形。
(2) 過去進行形の文は〈was[were]＋動詞の -ing 形〉で表す。
(3) 主語は the boys。be 動詞 were のうしろに not を置く。

6(1)「これらの本はとてもおもしろかったです」という文を作る。主語は these books で複数なので，be 動詞は were。
(2)「あなたは昨夜9時に何をしていましたか」という文を作る。What を文頭に置き，過去進行形の疑問文の形〈was[were]＋主語＋動詞の -ing 形 ～?〉を続ける。「昨夜9時に」= at nine last night

7(1) 直後の1文を参照。　(2) 4行目参照。
(3) 最終行参照。

## 定期テスト予想問題5●第1回　pp.96 ～ 97

1 (1)(a) イ　(b) ウ　(c) ア　(2) ウ

2 (1) take, look at　(2) What's, matter
(3) get on

3 (1) イ　(2) ウ

4 (例) I was walking in the park (at that time). / I was listening to music then.

5 (1) ウ
(2) 11, 2
(3) What time
(4) It was on the road.

**台本**

1 (1)(a) Woman: Did you find your cap? / Boy: Yes, I did. / Woman: Where was it? // ア It was new. / イ Under the bed. / ウ Light blue.
(b) Boy: Did you go to Kyoto last weekend? / Girl: Yes. I enjoyed my trip very much. / Boy: How was the weather there? // ア These pictures are beautiful. / イ There were a lot of people. / ウ It was sunny and hot.
(c) Woman: Did your son finish college? / Man: Yes, last year. / Woman: Is he a teacher now? // ア Yes, he's a math teacher. / イ Yes, he's a college student. / ウ Yes, he's on the tennis team.
(2) Girl: Takeshi was busy yesterday. In the morning, he cleaned the bathroom. After lunch he studied

English until 5. He went shopping for his mother. He read a book after dinner.
Question : What was Takeshi doing at three yesterday?

《和訳》(1)(a)女性「あなたはあなたのぼうしを見つけましたか」 男の子「はい，見つけました」 女性「それはどこにありましたか」 ア「それは新しかったです」 イ「ベッドの下です」 ウ「明るい青です」
(b) 男の子「あなたは先週末に京都へ行きましたか」 女の子「はい。私は私の旅行をとても楽しみました」 男の子「そこでの天気はどうでしたか」 ア「これらの写真は美しいです」 イ「多くの人がいました」 ウ「晴れていて暑かったです」
(c) 女性「あなたの息子さんは大学を卒業しましたか」 男性「はい，昨年に」 女性「彼は今，先生ですか」 ア「はい，彼は数学の先生です」 イ「はい，彼は大学生です」 ウ「はい，彼はテニス部に入っています」
(2) 女の子「武史は昨日，忙しかったです。午前中，彼は浴室を掃除しました。昼食のあと，彼は5時まで英語を勉強しました。彼は彼のお母さんのために買い物に行きました。彼は夕食のあと，本を読みました」
質問「武史は昨日の3時に何をしていましたか」

解説

3(1) 女性「すてきな腕時計を持っていますね。どこで手に入れたのですか」 男性「デパートでです」 イが正解。ア「気に入っていません」ウ「2年ぐらい前です」エ「20,000円でした」
(2) 女の子「沖縄への旅行はどうでしたか」 男の子「ほんとうに楽しかったです。美しい海を見ました」 ウが正解。ア「それはとてもおいしかったです」イ「ぼくはそこに行けません」エ「ぼくはそれを見ませんでした」

4 質問は「あなたはこの前の日曜日の2時にサッカーを練習していましたか」という意味。No. のあとに続けるので，サッカーを練習していた以外のことを，過去進行形の形〈I was＋動詞の -ing 形 ～.〉で表す。〔解答例の訳〕私は(そのとき)，公園を歩いていました［音楽を聞いていました］。

5(1) 選択肢は see「見る」の変化形。会話は過去のことを話しているので，see の過去形 saw が適切。
(3) 直後で美希が「午後2時ごろです」と時刻を答えているので，What time を入れる。
(4)「シカはどこにいましたか」2行目参照。a reindeer を it で受けて，場所を答える。疑問文に be 動詞 was が使われていることに注意。

## 定期テスト予想問題5●第2回　pp.98 ～ 99

1 (1)(a) イ　(b) ウ　(c) イ　(2) エ

2 (1) is famous for　(2) I'm home

3 (1) イ　(2) ウ

4 (例) I went to bed at eleven thirty.

5 (1)① came　④ steaming
(2) was
(3) 動物たちみんな，そりを丘までひっぱりあげている
(4) イ
(5) yourselves
(6) They reached Grandma Baba's house.

台本

1 (1)(a) Girl: Did you watch an American movie last night? / Boy: Of course. / Girl: It was really exciting, right? // ア Yes, on TV. / イ Yes, I had a great time. / ウ Yes, I was busy.
(b) Boy: Where were you, Mom? / Woman: I went to the supermarket. / Boy: What did you buy? // ア In the afternoon. / イ By car. / ウ Some fruit and milk.
(c) Girl: Is your mother busy? / Boy: Well, she came back home at eight last night. / Girl: Really? What were

you doing then? // ア I had a lot of homework. / イ I was cooking dinner for my family. / ウ I was sleepy last night.

(2) Boy: Last night I went to the soccer stadium with my father. We watched the game. I saw my favorite player. I was happy.

Question：Why was the boy happy?

《和訳》(1)(a)女の子「あなたは昨夜，アメリカの映画を見ましたか」 男の子「もちろんです」 女の子「それはほんとうにわくわくしましたね」 ア「はい，テレビで」 イ「はい，ぼくはとても楽しくすごしました」 ウ「はい，ぼくは忙しかったです」

(b) 男の子「あなたはどこにいましたか，お母さん」 女性「私はスーパーマーケットへ行きました」 男の子「あなたは何を買いましたか」 ア「午後に」 イ「車で」 ウ「いくつかのくだものと牛乳です」

(c) 女の子「あなたのお母さんは忙しいですか」 男の子「ええと，彼女は昨夜，8時に家へ帰ってきました」 女の子「ほんとうですか。あなたはそのとき，何をしていましたか」 ア「ぼくは宿題がたくさんありました」 イ「ぼくはぼくの家族のために夕食を料理していました」 ウ「ぼくは昨夜，眠かったです」

(2) 男の子「昨夜，ぼくはぼくの父といっしょにサッカースタジアムへ行きました。ぼくたちは試合を見ました。ぼくはぼくのお気に入りの選手を見ました。ぼくはうれしかったです」 質問「男の子はなぜうれしかったのですか」

**解説**

**3**(1) 父親「マイクを見ましたか。彼の助けが必要です」 娘「はい，ちょうど今浴室にいます」 イが正解。ア「はい，私は手紙を書いていました」ウ「いいえ，私は今手伝えません」エ「いいえ，彼はお父さんの車を洗いませんでした」

(2) 男の子「昨日，北湖につりに行きました」 女の子「いいですね。湖へはどうやって行きましたか」 男の子「私の家から遠いので，バスでそこへ行きました」ウが正解。ア「おじといっしょに行きました」イ「早く起きました」エ「1匹も魚がつれませんでした」

**4** 質問は「あなたは昨夜，何時に寝ましたか」という意味。〈I went to bed at＋時刻.〉で答える。〔解答例の訳〕私は11時半に寝ました。

**5**(1)① 会話の部分以外は過去形で書かれているので，come を過去形 came にする。

④ 直前に was があるので，過去進行形と考え，steam を steaming にする。

(2) 主語 That は三人称・単数なので，was が適切。

(3) かけ声の説明は4行目参照。

(4) 前後の行を参照。steam「湯気を立てている」，warm「温める」から hot「暑い」が適切。

(5)「あなたがた自身を[に]」＝ yourselves

(6)「動物たちみんなはついにどこに着きましたか」5行目参照。